ARCHIVOS DEL PRESIDENTE JOSÉ AZCONA

(Informe de Gobierno al Congreso Nacional-1987)

MERENDÓN
COLECCIÓN

ARCHIVOS DEL PRESIDENTE JOSÉ AZCONA
(Informe de Gobierno al Congreso Nacional-1987)

©Colección MERENDÓN
Supervisión Editorial: Óscar Flores López
Diseño de portada: Andrea Rodríguez
Administración: Tesla Rodas y Jéssica Cordero
Director Ejecutivo: José Azcona Bocock

Instagram: coleccionerandique
Facebook: Colección Erandique

Segunda Edición
Tegucigalpa, Honduras—Enero de 2025

NOTA DEL EDITOR

Los volúmenes del archivo José Azcona Hoyo de la Colección Merendón nacen de la colección documental que dejó mi papá al fallecer. Hubiese sido su voluntad que esta información fuese compartida con todas las personas que desearan acceder a la misma.

La documentación incluye un registro de publicaciones periódicas contemporáneas con los hechos, informes de gobierno, y otros documentos anexos. La edición que usted tiene en sus manos es el informe de Gobierno que presentó ante el Congreso Nacional en 1987, pero también publicaremos documentos anteriores y posteriores a estas fechas.

El cuidado y divulgación de documentos históricos tiene dos componentes importantes. El primero, y condición necesaria para el segundo, es la conservación de la información para su posterior uso. La función primaria se ha logrado durante las décadas que este archivo ha estado bajo custodia de mi madre, Miriam Bocock de Azcona, y se espera lograr darle un hogar definitivo permanente.

La segunda función se cumple con la publicación de este archivo. El mismo se ha organizado, capturado digitalmente, convertido a texto, editado y publicado de una manera sistemática. La intención es que el mismo sea de libre acceso a un costo económico para quienes deseen conocer mejor este importante periodo de la historia de Honduras.

Adicionalmente, que sirva de fuente para investigadores que se interesen en los temas cubiertos por el mismo. Un complemento importante es que se pretende tener estas obras en una edición disponible de forma permanente, para garantizar el acceso al mismo a futuro.

Hemos cuidado de hacer edición para garantizar que no haya errores, y una facilidad de búsqueda, pero no se ha excluido ningún elemento. La intención no es distorsionar el archivo para favorecer o perjudicar imágenes, sino conservarlo y compartirlo en forma íntegra.

José S. Azcona B.
Presidente Ejecutivo Colección Erandique

INFORME
DEL EXCELENTÍSIMO SEÑOR INGENIERO
JOSÉ AZCONA H.
PRESIDENTE CONSTITUCIONAL DE LA REPÚBLICA
AL SOBERANO CONGRESO NACIONAL

Tegucigalpa, D.C., Honduras, C. A.
1987

INFORME PRESIDENCIAL
1986

ING. JOSE AZCONA H.
Presidente de la República

Este libro fue impreso en los Talleres del Centro Técnico Tipoligráfico Nacional CETTNA.
Enero, 1987.

DISCURSO DEL PRESIDENTE CONSTITUCIONAL DE LA REPÚBLICA, ING. JOSÉ
AZCONA H, AL INFORMAR AL CONGRESO NACIONAL SOBRE LAS LABORES
DESARROLLADAS DURANTE SU PRIMER AÑO DE GOBIERNO

Honorable señor presidente,

Honorables señores diputados:

En mi condición de Presidente Constitucional de la República, y al iniciarse el segundo periodo ordinario de sesiones del Congreso Nacional de la República, comparezco ante ustedes en fiel cumplimiento de la Constitución para presentar a esta honorable cámara el informe de la gestión administrativa durante mi primer año de gobierno.

Quiero, ante todo, desearles éxitos en las nuevas jornadas legislativas que hoy comienzan, manifestando a la vez mi reconocimiento por las labores del soberano Congreso Nacional en el primer periodo ordinario, esfuerzo colectivo de todos los partidos políticos de Honduras que marcó un significativo progreso en las deliberaciones de esta augusta cámara.

La madurez cívica que animó sus sesiones, conjugada con las iniciativas de ley que se introdujeron en este recinto deliberante para ser objeto de análisis, debates y aprobación, en beneficio de Honduras y de los hondureños, es razón de esperanza y justifica mi optimismo para imaginar que podemos continuar armonizando nuestro empeño por transformar la patria en un solo haz de voluntades.

Mi gobierno ha enfrentado los problemas que nos plantea una organización estatal obsoleta y una incipiente planificación que no está concebida para actuar como un todo orgánico.

Este panorama, agravado por un endeudamiento ciego con la banca extranjera, nos ha hecho entender que la readecuación de la deuda externa es tarea prioritaria, como también lo es alcanzar la recuperación y el crecimiento económico, con estabilidad financiera, en un ambiente de paz, seguridad y democracia.

El análisis de la economía y de nuestra sociedad puso de manifiesto los problemas prioritarios del país, y sirvió de fundamento para formular los lineamientos estratégicos de política económica y social de mi gobierno para el periodo 1986-1989, con las correspondientes medidas de desarrollo en los distintos sectores.

Bajo esta concepción, mi gobierno ha elaborado un programa de inversión pública, dando prioridad a la generación de empleo, satisfacción de las necesidades básicas del hondureño, incremento de la capacidad productiva nacional y elevación de nuestro nivel de exportaciones.

El diálogo con todos los sectores organizados ha sido continuamente practicado; hemos oído cada día del año las opiniones, sugerencias, peticiones y recomendaciones de centenares de hondureños que representan nuestras fuerzas productivas, y otros sectores sociales de la república.

Para aprovechar estos diálogos y el pensamiento de nuestras fuerzas laborales y empresarias, se organizó la Comisión Consultora Tripartita para Asuntos Económicos, compuesta por obreros, campesinos, empresarios y funcionarios del gobierno y se creó, además, el gabinete de desarrollo social.

Para atender el problema habitacional se creó el Consejo Nacional de la Vivienda.

El gobierno que presido se ha esforzado seriamente por reactivar la economía; sin embargo, en esta tarea nos hemos encontrado con muchas limitantes. Estoy seguro de que esta honorable representación del pueblo está consciente de los factores que limitan una rápida y sostenida expansión de la economía nacional.

—   No obstante, las limitaciones, hemos logrado un crecimiento en términos reales del 3 por ciento.

—   Se ha reducido el déficit fiscal del 9.7 al 8.2 por ciento en términos de la producción.

—   El nivel de inflación fue tan solo del 4.5 por ciento.

—   Y se alcanzó en las reservas internacionales una ganancia de 30 millones de lempiras.

Honorables señores diputados:

Experimento satisfacción al informar a esta augusta cámara que en este primer año de mi gestión presidencial ha sido posible resolver armónicamente, sin deplorables confrontaciones, y sin daño para las partes, la mayoría de los conflictos sociales que se han presentado, como fruto natural de un pueblo que crece y que madura. En mi condición de Presidente de la República, he atendido personalmente muchos de esos problemas, y he adoptado las decisiones inspirado en la comprensión y la buena fe; eso ha permitido encontrar felices soluciones con equidad para todos.

La madurez en los organismos directivos de los grupos sociales ha sido determinante, demostrando con hechos que aprecian el esfuerzo que estamos haciendo por mantener la paz social.

Mi gobierno ha predicado con el ejemplo al imponer en toda la administración pública normas de austeridad y racionalización del gasto público; ese sacrificio nos ha permitido requerir a los sectores que reclaman, que adopten una línea de conducta similar; he podido comprobar que estos, con gran madurez y patriotismo, han comprendido que el país no está en condiciones de satisfacer todas las necesidades, aunque se trate de aspiraciones legítimas y que es preciso esperar.

Estamos seguros de que el esfuerzo que hacemos nos permitirá mejorar progresivamente la calidad de vida de la mayoría de la población.

En el sector rural se ha continuado el proceso de reforma agraria, distribuyendo tierras y esforzándonos por consolidar las conquistas alcanzadas por los campesinos en periodos anteriores.

Sin mengua a los derechos de los participantes en el proceso de reforma agraria, y en la medida de lo posible se ha garantizado la tenencia de la tierra y la propiedad de los bienes de producción.

—   Se han construido 835 kilómetros de carreteras primarias y secundarias no pavimentadas.

—   545 metros de puentes de concreto.

—   Se dio inicio a importantes proyectos de pavimentación, como la carretera La Ceiba-Juticalpa-Sabá y Sabá-Corocito y se terminó la pavimentación de la carretera que conduce de Ceibita a Santa Bárbara.

—   Se continuaron los proyectos de líneas de transmisión eléctrica a importantes sectores de Honduras, incorporando poblaciones aisladas al sistema central, así como otras importantes ciudades del país.

—   Se contrataron más de 1300 maestros en los diferentes niveles de la educación y se construyeron 425 aulas y 2 gimnasios.

Se inauguraron los silos en Juticalpa, Danlí, Choluteca, La Entrada a un costo de 30 millones de lempiras que contribuirán a garantizar una reserva de granos para el pueblo, así como estabilizar los precios de los granos básicos, tanto al productor como al consumidor.

Está en proceso de ejecución un programa de construcción de 600 pequeños y medianos proyectos de riego a nivel nacional con un costo de 45 millones de lempiras.

Se ha garantizado la finalización y puesto en marcha 5 hospitales ubicados en San Pedro Sula, San Marcos de Ocotepeque, Gracias, Lempira, Comayagua y La Esperanza, con un costo de cincuenta y cuatro millones de lempiras (L. 54,000,000.00), a través de un préstamo aprobado por el Banco Interamericano de Desarrollo (BID).

Se ha fortalecido el plan de supervivencia infantil.

En la rama turística se elaboró el programa de desarrollo turístico de las Islas de la Bahía que provee una inversión de noventa millones (L. 90,000,000.00) y que comprende la ampliación de la pista de Roatán para que puedan aterrizar aviones grandes, así como la pavimentación de 53 kilómetros de la red vial de Roatán, nuevos sistemas de energía eléctrica y de telecomunicaciones, programas de saneamiento ambiental y se prevé la construcción de 400 habitaciones a un costo de veinticuatro millones (L. 24,000,000.00) de lempiras.

Durante este periodo se contrataron un total de doscientos cincuenta y un millón de lempiras (L. 251,000,000.00) para diferentes proyectos de inversión.

Se firmaron además convenios de donación con la Agencia Internacional para el Desarrollo (A.I.D.) el gobierno de Japón por valor de 185.4 millones de lempiras.

En el informe de labores que les presento se consignan en forma más detallada estas obras concretas de alto beneficio para el pueblo hondureño.

Honorables representantes del pueblo:

Por la crisis que vive Centroamérica, y por los problemas pendientes de solución, las relaciones exteriores de Honduras han exigido a lo largo de los primeros doce meses de mi gestión presidencial, la dedicación de mucho tiempo y una profunda meditación.

Reitero a ustedes que la vocación pacifista norma mi gobierno. Por eso siempre proclamamos que el diálogo y los procedimientos que establece el derecho internacional deben preferirse para resolver los conflictos que existan entre naciones. Así resolvimos nuestros problemas de límites con Guatemala y con Nicaragua en el pasado y hemos confiado en el presente a la decisión de la corte internacional de justicia la solución del problema limítrofe que tenemos pendiente con la república de El Salvador.

Mi gobierno está en la mejor disposición de apoyar todo esfuerzo de solución pacífica a la crisis política, ideológica y militar que sufre la región centroamericana. Es por ello que ha ofrecido y continúa ofreciendo todo su apoyo y concurso al proceso negociador del Grupo de Contadora, que auspician Panamá, Venezuela, Colombia y México, con su Grupo de Apoyo constituido por Argentina, Uruguay, Brasil y Perú.

El 20 de enero próximo pasado tuve la satisfacción de recibir aquí en Tegucigalpa a los ocho cancilleres del Grupo de Contadora y de su Grupo de Apoyo, y a los secretarios generales de la Organización de las Naciones Unidas y de la Organización de Estados Americanos, a quienes reiteré nuestro compromiso de contribuir decididamente en la búsqueda de la solución a los problemas que aquejan a la región.

Nuestras excelentes relaciones diplomáticas con los países centroamericanos se ven dificultadas con el gobierno de Nicaragua por los graves problemas que vive ese país, con una insurgencia armada que repercute en Honduras.

Mi gobierno ha promovido una política exterior serena en el trato con Nicaragua. Hemos evitado las innecesarias confrontaciones verbales y, dentro de lo posible, se han mantenido contactos entre las secretarías de estado de ambos países. Le hemos continuado vendiendo energía eléctrica a Nicaragua y soportando una creciente deuda que por los momentos no puede honrar. El gobierno nicaragüense, sin embargo, no debe cometer el error de interpretar nuestra política de serenidad y de intercambio económico como un signo de debilidad.

Durante 1986 el ejército sandinista atacó en diferentes oportunidades sectores fronterizos de Honduras. En marzo y diciembre de 1986 esos ataques adquirieron tal grado de agresividad que obligaron a la respuesta natural de las fuerzas armadas de Honduras, en cumplimiento del deber constitucional de defender la soberanía y la integridad territorial.

Reitero ante el poder legislativo que mi Gobierno no tolerará nuevas incursiones contra nuestro territorio y no vacilará en hacer legítimo uso defensivo de la fuerza, de acuerdo con el derecho internacional y los intereses patrios.

En el campo de la cooperación militar se han continuado ejecutando los acuerdos suscritos con el Gobierno de los Estados Unidos y, como parte de esto, se han realizado maniobras militares internacionales para promover la profesionalización de nuestras fuerzas armadas y la acción cívica.

Nuestras relaciones con las otras naciones del mundo han sido de gran fluidez. Continuaremos concertando acuerdos de cooperación con la Comunidad Económica Europea para dar cumplimiento al convenio firmado el año pasado en Luxemburgo.

Honorables diputados:

Nos comprometimos ante el pueblo y ante la patria a trabajar con total entrega para procurar el bienestar, la seguridad, la justicia y la paz para el pueblo y así lo estamos haciendo.

Confío en que el pueblo de Honduras, enterado de las limitaciones nacionales, aprecie lo que ha podido realizarse en este periodo inicial de mi Gobierno.

Los secretarios de estado presentarán a este poder del estado las respectivas memorias de sus labores anuales, en donde se detallan las obras y las acciones más importantes realizadas por mi Gobierno.

Señores legisladores:

Como gobernante estoy totalmente entregado a la causa de todos los hondureños. La República continuará existiendo eternamente si cada uno de sus hijos asume una posición protagónica para defenderla con patriotismo; yo no pido uniformidad, pido unidad para llevar adelante los intereses de Honduras.

Pido que le demos a la República toda nuestra energía, toda nuestra voluntad de trabajo, toda la honradez que poseemos.

La patria es responsabilidad de todos, no solo de los que ostentamos transitoriamente el poder del Estado.

Lo que importa es la consolidación de la unidad nacional, el fortalecimiento de un amor patrio que nos haga comprender que el destino de Honduras se decide dentro de nuestras fronteras, y que todos nosotros somos los artífices de nuestro destino y del destino de la patria.

Muchas gracias.

INFORME PRESIDENCIAL, 1986

Honorables señores diputados:

Tengo el honor de presentar a vuestra consideración el informe de las actividades desarrolladas por el Poder Ejecutivo durante el ejercicio de 1986, el cual es contentivo de una descripción sucinta de la política económica y social, relaciones exteriores, de defensa y obras materiales que dan fe del trabajo y el esfuerzo del gobierno de la república en favor de la patria y del pueblo.

POLÍTICA ECONÓMICA

Al hacer el análisis y evaluación de la situación del país en lo económico y social nos encontramos con una economía estancada, con problemas serios de empleo, vivienda, transporte, educación y poca inversión privada y pública.

Nos encontramos además con un presupuesto altamente deficitario, un fuerte desequilibrio extremo y una deuda externa sumamente onerosa, cuyo servicio para el año de 1986 en capital e intereses sumaba L. 520,000,000.00.

Nos propusimos entonces realizar un programa económico con el fin de promover el crecimiento, mantener una tasa de inflación baja, crear fuentes de empleo y lograr estabilidad económica y financiera.

Dentro de estos lineamientos de política económica nos propusimos tratar de reducir el déficit fiscal; para tener un país con una economía sana es necesario el control del gasto público. En tal sentido propusimos reducir dicho gasto a través de un mayor control de las erogaciones en el sector público centralizado y, sobre todo, un mayor control en las instituciones descentralizadas.

Nos propusimos, además, incentivar el crecimiento económico a través del fomento de la inversión y fomento de las exportaciones. Para ello hicimos un intenso análisis sobre la disponibilidad y las restricciones de recursos que enfrenta la nación y poder abordar con alguna posibilidad de éxito estos problemas.

Vimos que nuestra política de desarrollo se encontraba volcada hacia adentro, lo que resulta en un ingreso de divisas insuficientes en relación con las necesidades de importaciones necesarias para la producción que genera el crecimiento y el empleo: asimismo, encontramos bajos niveles de inversión del sector privado, elevados gastos corrientes en el sector público, y nos propusimos hacer un programa práctico, sencillo y realista, con metas alcanzables, considerando la situación económica imperante y la disponibilidad de recursos para hacerlo.

Por otro lado, consideramos que para que los cambios requeridos tuvieran éxito, la toma de decisiones económicas no debía estar sujeta a la búsqueda de beneficios políticos de corto plazo, y debíamos hacer un programa, no para el partido liberal ni para el partido nacional, sino que un programa económico para Honduras, y por lo tanto la política partidista debía estar divorciada de la toma de decisiones en el campo económico.

También había que considerar un cambio en la actitud de los sectores productivos hacia el Gobierno. La experiencia muestra que individuos o grupos han buscado tratamientos preferenciales, ya sea a través de reducción de impuestos, o créditos, o acceso preferencial a las divisas o impidiendo importación de productos; esto ha llevado a una política incoherente y discriminatoria; la reducción de impuestos en determinados casos ha dado lugar al aumento de impuestos en otras áreas para compensar lo que se le dio a un grupo, y el resultado fue que muchas industrias casi no pagaban nada y otros sectores pagaban mucho.

MEDIDAS DE CORTO PLAZO

En el corto plazo nos propusimos, para 1986, lograr un crecimiento económico en términos reales entre un 3 y un 4 por ciento; un nivel bajo de inflación; reducción del déficit en la balanza de pagos; limitación del crédito en el sector público y ampliación del crédito al sector privado, manteniendo tasas de interés positivas; reducción del déficit fiscal, disciplinando el gasto e incrementando las recaudaciones; mantener el tipo de cambio externo del lempira y una negociación de la deuda externa del país en términos tales que nos permitiera disponer de los recursos necesarios a nuestro desarrollo.

Tanto el programa monetario como el programa económico estuvieron dirigidos a la reactivación económica con estabilización, orientándose los recursos al sector agropecuario, especialmente en la producción de exportación, así como la reactivación del sector industrial en cumplimiento de los objetivos de mejorar la producción, contrarrestar las presiones inflacionarias y disminuir el desempleo.

Para proveer recursos a la inversión en actividades de largo plazo que apoyen la producción y generen empleo, se creó, en el banco central, un nuevo instrumento de captación de recursos denominado "Bono de Caja para el Fomento de la Construcción y Desarrollo Agroindustrial" que movilizará recursos por un monto no menor a los trescientos millones de lempiras, caracterizándose por una política de mediano y largo plazo.

La política monetaria y crediticia aplicada por el banco central refleja la política económica del Gobierno. La aplicación de esa política ha contribuido a alcanzar los siguientes resultados:

— La economía creció en términos reales en un tres por ciento (3%).

— El nivel de inflación fue tan solo del cuatro y medio por ciento (4.5 %).

— El déficit fiscal se redujo de 9.7 a 8.2 por ciento en términos de la producción.

— El aumento de las exportaciones fue del dieciséis por ciento (16%).

— Las importaciones crecieron apenas un cuatro por ciento (4%).

— Se alcanzó en las reservas internacionales una ganancia de L. 30 millones.

— Cabe hacer notar que la reducción de las tasas de interés a los sectores agropecuarios, y la disminución en las tasas de redescuento para favorecer rubros importantes de la producción, como los granos básicos, algodón, carne y tabaco, fueron elementos básicos para esos logros.

PARA 1987 PROPONEMOS:

— Apoyo continuado a todos los sectores productivos mediante la aplicación de la política de estabilización y crecimiento económico.

— Lograr un mayor dinamismo en la producción.

— Mantener una tasa inflacionaria moderna.

— Propiciar un mayor dinamismo en las exportaciones.

— Fortalecer la posición financiera externa del país.

MEDIDAS EN EL MEDIANO PLAZO

El programa trata de un conjunto de 29 medidas que van destinadas a lograr tres grandes objetivos:

1.– MEDIDAS PARA RACIONALIZAR LAS OPERACIONES DEL SECTOR PÚBLICO

Estas medidas tienden a racionalizar los ingresos y los gastos a través de mayores controles en la formulación del presupuesto y en el proceso de ejecución, introduciendo para ello una serie de medidas como presupuesto base cero; evaluación de la eficiencia en la prestación del servicio en el sector público; privatización de actividades que puedan ser manejadas con mayor grado de eficiencia por el sector privado; racionalización del sistema tributario.

2.– MEDIDAS PARA PROMOVER LA INVERSIÓN

El objeto de estas medidas es para estimular la inversión y consecuentemente el aumento del empleo, estas medidas se apoyarán con la eliminación de obstáculos administrativos; se han propuesto regulaciones para ampliar la disponibilidad de crédito al sector privado; se ha definido el establecimiento de una carrera judicial como forma de garantizar una mejor administración de justicia; se promoverá el establecimiento de un mercado de capitales que coadyuve a la canalización de recursos para la inversión privada; y se eliminará el tratamiento preferencial al sector público.

3.– MEDIDAS PARA ACRECENTAR LA COMPETITIVIDAD DE LAS EXPORTACIONES

Promoción de inversiones orientadas a la exportación, racionalización de tarifas de importación de insumos necesarios para la producción exportable, así como simplificar y racionalizar esquemas de incentivos de exportación y otros.

El gran cambio contentivo de este programa es fijar una estrategia de desarrollo volcada hacia afuera a través del fomento de la exportación, con énfasis en los productos no tradicionales y manteniendo el apoyo a la exportación de productos tradicionales y a la inversión.

El objeto de estas medidas es expandir la producción y procurar la distribución del excedente en forma equitativa entre los actores de la producción por los canales que el sistema democrático nos proporciona para estos efectos. En tal sentido, hemos dicho que en la distribución de la riqueza deben participar en una forma justa todos aquellos que con su esfuerzo contribuyen a crearla.

Dentro de esta filosofía es que demandamos el apoyo de todos los sectores para nuestro programa, consciente de que algunos aspectos son menos aceptables para unos grupos que otros, pero en general, consideramos importante el apoyo a la totalidad de este programa, porque ha sido diseñado para favorecer a la familia hondureña en su conjunto.

SECRETARÍA DE ECONOMÍA Y COMERCIO

SECTORES
COMERCIO EXTERIOR
Iniciativas de ley

Se presentó ante el Congreso Nacional para su discusión y aprobación: a) La ley de zonas de procesamiento industrial (parques industriales); b) Las reformas a la ley de fomento de las exportaciones; c) Las reformas a la ley del régimen de importación temporal; d) Las reformas a la ley de incentivos a la industria bananera.

Interinstitucional

a)   Elaboración de una propuesta para un programa para el fomento de las exportaciones y de la inversión privada en Honduras.

b)   Elaboración del perfil del plan de trabajo para el año de las exportaciones.

c)   Reactivación del Consejo Nacional del Algodón con el propósito de crear un fondo de garantía de precios para la cosecha 86-87.

d)   Elaboración del perfil del proyecto para ventanilla única de trámite de exportación.

e)   Reactivación de la participación de Honduras en la Unión Productores de Banano (UPEB).

Negociaciones y convenios internacionales

a)   Firma del acuerdo de alcance parcial entre Honduras y Venezuela que permite la exportación de varios productos sin ningún tipo de restricciones.

b)   Ratificación por parte de Honduras del Convenio Constitutivo de la Corporación Interamericana de Inversión.

c)   Readecuación de la deuda pendiente con la república de Nicaragua, habiéndose establecido un comercio equilibrado de $10,000,000.00 por el resto del año y determinación de las líneas de productos sujetos al intercambio comercial vía trueque.

d)   Se analizaron y revisaron los convenios bilaterales con Guatemala y Costa Rica. Guatemala se retiró de la Cámara de Compensación Centroamericana exigiendo a Honduras el pago de sus transacciones comerciales en dólares, medida que resulta negativa para nuestro país. Con Costa Rica el convenio quedó en suspenso a partir del 8 de diciembre como resultado del déficit comercial que con ese país se tiene no pudiéndose establecer en las negociaciones consenso para equilibrar el mismo.

e)   Participación en las negociaciones de la deuda externa con la Banca Privada Extranjera, Banco Mundial y Fondo Monetario Internacional.

f)   Participación en la constitución de la Corporación Interamericana de Inversiones, en la cual Honduras es socio fundador.

Convenios nacionales:

En la búsqueda de lograr el objetivo de desarrollar las exportaciones se han establecido convenios de cooperación con la Fundación para la Investigación y Desarrollo Empresarial (FIDE) y la Federación de Asociaciones de Productores y Exportadores Agropecuarios Agroindustriales de Honduras (FEPROEXAAH).

Otras actividades

a)   Elaboración y levantamiento de encuestas para determinar la oferta exportable de Honduras.

b)   Participación en ferias y exposiciones comerciales: exposición centroamericana en Tapachula, México; conferencia sobre la iniciativa de la Cuenca del Caribe en Miami; exposición comercial en Caracas, Venezuela.

PRODUCCIÓN
Iniciativas de ley

a)   Se presentó al Congreso Nacional para su discusión y aprobación ampliación del plazo de vigencia del Convenio Centroamericano de Incentivos Fiscales al Desarrollo Industrial.

b)   Elaboración del Anteproyecto Ley de Patentes de Invención, Dibujos y Modelos Industriales con el propósito de adecuarla a las necesidades actuales.

c)   Elaboración del Anteproyecto de Normas de Cal Hidratada.

Administración de mecanismos legales

a)   En aplicación del Convenio Centroamericano de Incentivos Fiscales al Desarrollo Industrial, Ley de Fomento Industrial y Ley de Fomento a la Pequeña y Mediana Empresa Industrial y Artesanía se clasificaron 21 empresas industriales con una generación de 1888 puestos de trabajo.

b)   En aplicación de la Ley de Importación Temporal se han clasificado 13 empresas con una generación de 2151 empleos.

c)   En aplicación del decreto 49-85. Estimulación a empresas industriales que utilicen un alto porcentaje de materias primas del país se han clasificado 5 empresas con una generación de 237 empleos.

Incentivos

a) Se clasificaron (15) quince empresas beneficiarias con 34 productos de exportación, en aplicación a la Ley de Fomento a las Exportaciones.

b) Se otorgaron a (9) nueve empresas certificadas de Fomento de las Exportaciones (CEFEX) por un monto de L. 2.5 millones.

c) Se otorgó un incentivo de Lps. 1.6 millones a la Tela Railroad Company, según decreto No. 44-85.

COMERCIO INTERIOR

Iniciativas de ley

a) Anteproyecto de Ley de Protección al Consumidor.

b) Anteproyecto de Reforma a la Ley de Representantes, Distribuidores y Agentes.

Interinstitucional

a) Reactivación de la Comisión para la Producción y Comercialización de Medicamentos.

b) Operativos tendentes a combatir la sustracción, adulteración y venta ilegal de combustibles.

Controles

a) Prórroga de Congelamiento de Precios de Productos de Consumo Popular Básicos. Acuerdo No. 251 del 24 de marzo de 1986.

b) Reinicio de la actividad del Registro de las Estadísticas Vitales en coordinación con el Registro Nacional de las Personas.

c) Reinicio de la actividad del Registro de las Estadísticas de Comercio Exterior.

d) Participación en la comisión investigadora de CONADI.

e) Se ha participado en el equipo de trabajo del proyecto de Islas de la Bahía y Atlántida, conocido como ISATLAN.

CONVENIOS INTERNACIONALES

Diseño y aprobación y firma de los convenios.

a) Proyecto AID-522-0252. Fortalecimiento al pequeño agricultor por un monto de $35,804,000.00.

b) Proyecto AID-522-289. Privatización de empresas propiedad del estado por un monto de $4,000,000.00.

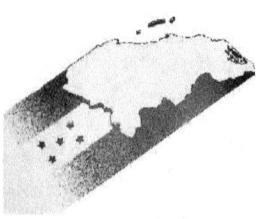 # IMPORTANTES LOGROS EN MATERIA ECONÓMICA

CRECIMIENTO ECONÓMICO	INFLACIÓN
3%	SOLO **4.5%**

EXPORTACIONES	IMPORTACIONES
16% AUMENTO	SOLO **4%** DE CRECIMIENTO

DÉFICIT FISCAL	RESERVAS INTERNACIONALES
SE REDUJO EN **1.5%**	LPS. **30** MILLONES DE GANANCIA

SECRETARÍA DE HACIENDA Y CRÉDITO PÚBLICO

La ejecución de la política fiscal dio cumplimiento al objetivo de reducir el desequilibrio de las finanzas públicas, sin sacrificar los gastos esenciales del desarrollo o introducir nuevas cargas tributarias.

Los ingresos corrientes se incrementaron a una tasa de 8.3%, al pasar de 1,605 millones en 1985 a 1,152 millones en 1986. También se logró la contención del gasto y la reducción del déficit fiscal, ya que los gastos experimentaron una caída en su dinamismo al aumentar en solo 1.6% en comparación con un crecimiento de 8.3% en 1965.

En base a los objetivos del Plan Operativo Anual se preparó el documento de presupuesto para 1987, aprobado por el Congreso Nacional en la forma siguiente:

PRESUPUESTO DE EGRESOS DEL GOBIERNO CENTRAL PARA 1987 POR RAMOS Y FINANCIAMIENTO POR CLASE DE FONDOS

MILLONES DE LEMPIRAS

RAMO	FONDOS NACIONALES	FONDOS EXTERNOS	TOTAL FONDOS
Poder Legislativo	23.7	—	23.7
Poder Judicial	21.0	—	21.0
Organismo Electoral	16.0	—	16.0
Presidencia de la República	32.3	5.0	37.3
Gobernación y Justicia	32.3	—	32.3
Relaciones Exteriores	23.4	—	23.4
Defensa y Seguridad Pública	135.0	—	135.0
Economía y Comercio	15.0	8.0	23.0
Hacienda y Crédito Público	41.1	—	41.1
Procuraduría General de la República	1.6	—	1.6
Educación Pública	362.6	13.5	376.1
Salud Pública y Asistencia Social	168.3	26.0	184.3
Cultura y Turismo	6.0	—	6.0
Trabajo y Previsión Social	24.9	—	24.9
Comunicaciones, Obras Públicas y Transporte	100.2	82.0	182.2
Recursos Naturales	83.9	33.3	117.2
Deuda Pública	607.4	—	607.4
Servicios Centralizados	69.5	—	69.5
TOTAL	1,764.2	167.8	1,932.0

CRÉDITO EXTERNO Y DONACIONES

Con gobiernos amigos y organismos internacionales se suscribieron convenios de préstamo y donación por 436 millones destinados al Programa de Inversiones Públicas. Se han iniciado gestiones de préstamos y donaciones por 966 millones de lempiras en el exterior.

Los recursos financieros contratados y los que están en negociación, hacen un total de 1,402 millones, para le ejecución de proyectos de mediana clase:

PRÉSTAMOS CONTRATADOS POR EL GOBIERNO DE HONDURAS DURANTE 1986

PROYECTO	MILLONES DE LEMPIRAS
— Para financiar proyectos de inversión industrial (BIRF)	74.8
— Mejoramiento Carretera La Ceiba-Sabá-Corocito (BID)	62.0
— Tercera Etapa de Acueductos Rurales (BID)	48.0
— Compra de Productos Agrícolas, Ley pública 480 (AID)	30.0
— Ayuda a la Navegación Aérea Civil (Gobierno francés)	9.3
— Programa de Desarrollo de Riego (AID)	5.0
— Eficiencia de la Educación Primaria (AID)	1.2
—Otros	20.3
TOTAL	250.6

CONVENIOS DE DONACIÓN SUSCRITOS POR EL GOBIERNO DE HONDURAS DURANTE 1986

PROYECTO	MILLONES DE LEMPIRAS
— Programa de Estabilización Económica (AID)	122.5
— Granos Básicos y Hortalizas (Gobierno de Japón)	10.2
— Privatización de Empresas propiedad del Estado (AID)	8.0
— Eficiencia de la Educación Primaria (AID)	6.0
— Crédito Tecnología Servicios de Mercadeo (AID)	5.3
— Mejoramiento Productividad Agricultores (AID)	2.0
— Capacitación de Recursos Humanos para la Paz (AID)	2.0
—Otros	29.4
TOTAL	185.4

PROYECTOS DE LEYES

Se sometió a discusión y aprobación del Congreso Nacional los siguientes proyectos de ley:
Ley del Nuevo Arancel de Aduanas.

Ley de Valoración Aduanera de las Mercancías.

Ley de Aduanas.

Ley de modificaciones a la ley del impuesto sobre la renta en materia de ampliación de incentivos.

MEJORAMIENTO ADMINISTRATIVO Y CAPACITACIÓN

Entre las diversas actividades de desarrollo de recursos humanos se destacan las siguientes:

— Mejoramiento de los sistemas computarizados para la administración de Gravámenes.

— Cambios para el control de los bienes nacionales y para la administración de compras y suministros.

— Reglamentación del sistema de franquicias.

— Operativos para la fiscalización preventiva del impuesto sobre ventas, retención de la fuente, recuperación de la mora tributaria en impuesto sobre la renta y sobre comercio exterior, y para la prevención y combate del contrabando y la defraudación fiscal.

— Se instaló un nuevo laboratorio aduanero.

— Se capacitaron 324 personas en nomenclatura, valoración y técnicas aduaneras; 25 en técnicas tributarias y 1,800 en diversas áreas.

SECRETARÍA TÉCNICA DEL CONSEJO SUPERIOR DE PLANIFICACIÓN ECONÓMICA

— Se efectuó una evaluación de la economía y la sociedad como fundamento para formular los lineamientos estratégicos de política económica y social para el período 1986-89, con el fin de promover el crecimiento económico, crear fuentes de empleo y lograr la estabilidad económica y financiera del país.

— Se elaboró el Programa de Inversión Pública.

— Se realizó una investigación sobre la situación financiera como legal y administrativa de la Corporación Nacional de Inversiones.

— Se coordinó el proceso de organización del Gabinete de Desarrollo Social.

— Se creó el Consejo Nacional de la Vivienda.

— Se realizó una evaluación socioeconómica del sur para diseñar un programa de reactivación con proyectos generadores de empleo.

— Se incrementó la distribución de alimentos básicos.

— Se ha ejecutado en 80% el Proyecto Modelo de Desarrollo Integral de Comunicaciones Agrícolas.

— Se elaboraron los anteproyectos de la Ley General de la Administración Pública y la Ley de Planificación, con el fin de consolidar el sistema de desarrollo nacional.

SECRETARÍA DE ESTADO EN EL DESPACHO DE GOBERNACIÓN Y JUSTICIA

Su política estuvo dirigida a la organización, dirección, control y funcionamiento de las dependencias que conforman la secretaría, así como al mejoramiento del gobierno municipal, mecanismos de control migratorio, prevención y extinción de incendios, inquilinato, coordinación de la Comisión Nacional para Refugiados y todos los asuntos que son de su competencia de acuerdo con la ley.

El titular de la secretaría realizó inspecciones a los presidios de la república, para conocer su estado y procurar su mejoramiento.

Se hizo un reconocimiento de 150 manzanas de terreno, ubicadas en Támara, F. M. donde se construirá el primer centro de rehabilitación penitenciario del país.

Se dio a conocer el nuevo sistema penitenciario a varias organizaciones sociales.

Se reacondicionaron los presidios de La Paz, Choluteca, Valle, Santa Bárbara y Yusguare, en El Paraíso.

Los gobernadores políticos de la zona sur operaron en la recolección de alimentos para aliviar el hambre que azotó dicha zona.

Se realizó una campaña contra los juegos prohibidos en las ferias patronales, se realizó un curso de perfeccionamiento de los empleados municipales, se participó en la Primera Jornada de Radiodifusión y Desarrollo patrocinada por la Fundación Alemana Friederick Naumann; se realizó el seminario El Municipio como Factor de Desarrollo Nacional, patrocinado por la Fundación Alemana para el Desarrollo. Se ofreció un ciclo de conferencias sobre el derecho penal y la rehabilitación del delincuente.

En materia económica y social se atendieron 383 personas con pensiones civiles y se otorgó 1 millón 521 mil 403 lempiras en subsidios a municipalidades y patronatos.

Se firmó un convenio de préstamo con la A.I.D. para desarrollar proyectos de las municipalidades de Tegucigalpa y San Pedro Sula.

Se invirtió 1 millón 834 mil 331 lempiras en obras de alcantarillado sanitario, agua potable, adoquinado, aguas negras e infraestructura en esta capital.

Se emitieron acuerdos de nombramientos de funcionarios públicos, dispensas, edictos, auténticas, personerías jurídicas, residencias, naturalizaciones, permisos para ausentarse del país, ejecución de decretos del Congreso Nacional, su publicación en La Gaceta y la creación de los municipios de Las Lajas, en Comayagua y Vallecillos en Francisco Morazán.

La Dirección General de Población y Política Migratoria tuvo ingresos por 2 millones 32 mil 73 lempiras por varios determinados por la ley.

Se documentaron 7 mil 947 refugiados, se expulsaron 910 extranjeros, se repatriaron voluntariamente 3 mil 517 e ingresaron 1 mil 190 hondureños como repatriados.

Se tienen los diseños para la construcción del centro de rehabilitación penitenciaria en Támara y en Choloma, Cortés.

El cuerpo de bomberos efectuó 372 prevenciones de incendios. Sus gastos de inversión fueron 238 mil 711 lempiras.

Los talleres tipográficos nacionales hicieron un buen trabajo en la publicación de La Gaceta, marcas de fábricas, patentes, publicación de leyes, acuerdos, etc.

El Departamento Administrativo de Inquilinato ingresó al fisco 32 mil 398 lempiras por concepto de multas.

La Dirección General de Asesoría y Asistencia Técnica dictaminó el Plan de Arbitrios de las municipalidades del país y se atendió el catastro de 18 municipalidades.

SECRETARÍA DE ESTADO EN EL DESPACHO PRESIDENCIAL

SERVICIO CIVIL

Se diseñaron instrumentos técnicos para 14 clases de puestos y se actualizaron las pruebas de 18 plazas.

Se efectuaron 2,299 pruebas resultando aprobados 1,433 (62%) y reprobados 866 (36%).

CLASIFICACIÓN DE PUESTOS Y SALARIOS

Se realizaron estudios de puestos que incluye revaloraciones, creaciones, eliminación de clases e incorporaciones de puestos al sistema de servicio civil.

Se clasificaron 927 puestos en las secretarías de Estado. Se reasignaron 139 puestos.

Se colaboró en la elaboración del Manual de Clasificación de Puestos y Salarios del Profesional Médico y se hizo un estudio de clasificación y salarios de la municipalidad de San Pedro Sula.

ADIESTRAMIENTO DE PERSONAL

Se dieron 69 seminarios y se capacitaron 1,846 empleados de los cuales 463 trabajan en 8 departamentos del país.

NORMAS Y PROCEDIMIENTOS

Se dictaminaron favorablemente 2,803 contratos de servicios profesionales y 779 no procedentes. Sin valor ni efecto, 67 y 7 abstenciones. Se dictaminaron 195 despidos procedentes y 19 improcedentes. Fueron cancelados por cesantía 46 empleados con una indemnización de 355,346.61 lempiras.

AUDITORIA

Se efectuaron 80 inspectorías de campo sobre cancelaciones, audiencias de descargo, amonestaciones, negación de vacaciones, incapacidades por maternidad y enfermedad, etc.

ASESORÍA

Se asesoró en el Reglamento del Estatuto del Médico Empleado, el Manual de Clasificación de Puestos y Salarios del Profesional Médico. En la carrera de servicio exterior y oficialización de centros educativos.

REGISTRO DE PERSONAL

Están trabajando en el gobierno central 27,586 empleados. Se llevaron a cabo 7,568 acciones de personal.

SECRETARÍA DE INFORMACIÓN Y PRENSA

— Publicación de un boletín para información interna.

— Boletín internacional para enviar diariamente a las embajadas por télex.

— Comunicados de prensa que se transmiten por las empresas radiales privadas y la radio nacional de Honduras y se publican en la prensa y televisión.

— Noticiario de Nueva Orleans por Radio Mil.

— Organización de conferencias de prensa nacionales e internacionales.

— Se mejoró el equipo de transmisores de la radio nacional de Honduras y el Departamento de Televisión.

— Se produce el programa Honduras Ahora que se transmite por el Canal 5 de Compañía Televisora, S. A.

— Se filman videos para las instituciones del Estado, organizaciones sociales y para la televisión nacional e internacional.

— Se colabora con la Escuela de Periodismo de la UNAH, cuyos estudiantes hacen prácticas en los estudios de radio y televisión, y con el Colegio de Abogados de Honduras en la transmisión del programa La Hora Jurídica.

— Se distribuyen fotografías a los periódicos y se prestan servicios fotográficos a instituciones públicas y privadas de carácter social.

— Se da servicio de monitoreo a los medios informativos nacionales e internacionales.

— Se exponen en foros públicos las tesis del gobierno.

— Se promueven reuniones entre el presidente de la república y el Colegio de Periodistas de Honduras, la Asociación de Prensa Hondureña, propietarios, directores, columnistas y reporteros de periódicos nacionales y corresponsales extranjeros.

SECRETARÍA DE ESTADO EN EL DESPACHO DE RELACIONES EXTERIORES

NEGOCIACIONES REGIONALES DE PAZ

Honduras participó en las reuniones de cancilleres y plenipotenciarios que culminaron con la última versión del Acta de Contadora para la Paz y la Cooperación en Centroamérica. Nuestro país manifestó que el acta no establece obligaciones suficientes para garantizar nuestra seguridad, pero reiteró la voluntad de seguir participando en todo lo que tienda a fomentar la paz en el área.

DEMANDA DE NICARAGUA CONTRA HONDURAS

El 28 de julio Nicaragua presentó ante la Corte Internacional de Justicia de La Haya una solicitud introductora de instancia contra Honduras y Costa Rica. Honduras permanece dispuesta a reemprender las negociaciones directas, una vez que Nicaragua se reincorpora al proceso de Contadora, para lo cual es preciso que abandone la vía judicial que ha emprendido. Ya hemos acreditado a nuestro agente ante la corte.

RELACIONES BILATERALES

Las relaciones con los Estados Unidos se han fortalecido. Durante la visita del presidente Azcona a Washington en mayo se logró la promesa de incrementar la asistencia económica que nos brinda el gobierno norteamericano.

Se emitió un comunicado conjunto por el cual Honduras queda protegida de cualquier ataque de fuerzas comunistas.

ASUNTOS LIMÍTROFES

Con la república de El Salvador negociamos el convenio para crear la Comisión Especial de Demarcación de la Línea Fronteriza de El Salvador-Honduras, conforme al Tratado General de Paz del 30 de octubre de 1980.

Negociamos además un compromiso para someter a una sala de la Corte Internacional de Justicia, la controversia fronteriza terrestre, insular y marítima.

Con la república de Colombia firmamos un tratado de delimitación de zonas marítimas. El tratado está en el Congreso Nacional.

RELACIONES MULTILATERALES

Participamos en los foros internacionales más importantes, en la Organización de las Naciones Unidas y la Organización de los Estados Americanos.

Los mandatarios José Azcona (Honduras) y Ronald Reagan (Estados Unidos).

El 22 de mayo de 1976 se modificó la declaración formulada por Honduras el 20 de febrero de 1960 sobre el inciso 2 del 2 del artículo 36 del estatuto de la Corte Internacional de Justicia. La nueva declaración es aplicable al Tratado Americano de Soluciones Pacíficas, por lo cual fue notificada a la Secretaría General de la O. E. A.

DERECHOS HUMANOS Y REFUGIADOS

Se han contestado tres demandas interpuestas contra el Gobierno de Honduras ante la Corte Interamericana de Derechos Humanos.

Está trabajando la Comisión Tripartita para la repatriación voluntaria de los refugiados salvadoreños en Honduras, integrada por El Salvador, Honduras y ACNUR.

MODERNIZACIÓN DEL SERVICIO EXTERIOR

Se puso en marcha la carrera diplomática y la Ley del Servicio Exterior fue objeto de necesarias reformas.

INGRESOS RECIBIDOS

Esta secretaría aportó fondos que sobrepasan los 5 millones de lempiras, por servicios en la rama consular, pasaportes, visas, auténticas y traducciones.

CONVENIOS

Se celebraron 9 convenios bilaterales y 6 intercambios de notas en cooperativismo, comunidades agrícolas, comunicaciones radiales, sociales, cultural, filatélica, económica, científicas, técnica, turismo y prevención de los delitos.

Se suscribieron 7 acuerdos multilaterales para el desarrollo social, económico y financiero del país.

SECRETARÍA DE DEFENSA NACIONAL Y SEGURIDAD PÚBLICA

— El comandante en jefe de las Fuerzas Armadas realizó las siguientes actividades: nombramientos, cancelaciones, auxilios póstumos, pensiones de montepío, invalidez y retiro, bajas, ascensos, condecoraciones, transferencias, cambio de categoría, indemnizaciones y construcciones de instalaciones.

— Se elaboraron cuadros estadísticos de las fuerzas reservistas de las diferentes fuerzas del instituto armado.

— Se fomentó el programa de readaptación social a grupos subversivos.

— Se han dirigido las actividades de inteligencia y seguridad.

— Se mantiene coordinación con otras agencias de inteligencia nacional e internacional relacionadas al trabajo de la comunidad de inteligencia a nivel de fuerzas armadas.

— Se han realizado operaciones de rastreo, persecución y neutralización de subversivos.

— Se citó a los ciudadanos que debían prestar su servicio militar.

— Se dio la baja del servicio al personal que cumplió con su servicio militar.

— Se desarrollaron actividades deportivas, religiosas y sociales.

— Se han firmado convenios de enseñanza con la Universidad Nacional Autónoma de Honduras y otras instituciones.

— Se incrementó el régimen de seguridad social.

— Se cooperó en las labores de alfabetización, educación, agricultura, conservación de los recursos naturales, vialidad, comunicaciones, sanidad, colonización y actividades de emergencia.

— Se ha trabajado en salud, acción cívica, mejoramiento del ambiente, aspectos agropecuarios, forestales, sociales y defensa civil.

— Se asentó los esfuerzos por mantener incólume la soberanía e integridad territorial, la estabilidad institucional y el bienestar de la nación.

SECRETARÍA DE ESTADO EN LOS DESPACHOS DE COMUNICACIONES, OBRAS PÚBLICAS Y TRANSPORTE

- Se construyeron 835 kilómetros de carreteras primarias y secundarias no pavimentadas; 135 puentes de madera y 585 metros de puentes de concrcto.
- Se prestó mantenimiento a 6,760.8 kilómetros de la red vial.
- En materia de aeropuertos se construyeron 45,000 metros cuadrados de pista; 26,300 metros cuadrados de plataforma; 3,694 metros cuadrados de zona de espera, en Roatán.
- Se realizaron estudios topográficos para los nuevos aeropuertos de Tegucigalpa y Copán Ruinas.
- Se editaron 151,875 hojas cartográficas relacionadas con la delimitación de las zonas fronterizas.
- Se instalaron modernos equipos aeronáuticos y meteorológicos. Se mejoró el sistema de comunicaciones postales. Se contribuyó a la generación de empleo con la creación de muchos miles de plazas en todo el país.

REUNIONES INTERNACIONALES

- Se firmó un préstamo para la pavimentación de las carreteras La Ceiba-Sabá-Corocito. En Francia se firmó un convenio para el desarrollo de la aviación civil por 14 millones de dólares.
- Con el Japón se está negociando un préstamo de 30 millones de dólares para compra de instrumental para mantenimiento de caminos y carreteras.

OBRAS INAUGURADAS

1. Carretera Santa Rosa-Gracias, que se ejecutó por administración con una longitud de 44.7 kilómetros a un costo de 4,470,000.00 lempiras.
2. Carretera Jocón-Puentecita, Yoro con 20 kilómetros de longitud.
3. Carretera que bordea el lago de Yojoa, con 4 kilómetros.
4. Carretera Ceibita-Desvío San Nicolás hasta Taulabé en Santa Bárbara.
5. Carretera Telica-San Francisco de la Paz.
6. Carretera Siguatepeque-Jesús de Otoro se encuentra en un 80 por ciento de ejecución.
7. Se firmó contrato para la pavimentación de la carretera La Paz-Tutule-Marcala.

CONSTRUCCION DE CARRETERAS

835 Km.

CONSTRUCCION DE PUENTES

135 Mts.
PUENTES DE MADERA

583 Mts.
PUENTES DE CONCRETO

La labor del Gobierno ha sido amplia en el aspecto construcción y mantenimiento de caminos y carreteras. Las fotos muestran el proyecto carretero Telica-San Francisco de La Paz, Departamento de Olancho, la pavimentación del mercado Zonal Belén y Santa Rosa-Gracias.

CONSTRUCCIÓN DE PUENTES

1.   El puente de La Mulera entre Progreso y Tela a un costo de 229,685.00 lempiras.

2.   Puente de San Marcos, en Santa Bárbara a un costo de 760,000.00 lempiras.

3.   Puente sobre el Río Piedra, en San Pedro Sula a un costo de 1,217,000.00 lempiras.

4.   Puente sobre el Río Blanco en San Pedro Sula a un costo de 816,039.32 lempiras.

5.   Puente sobre el Río Higuito en La Ceiba a un costo de 358,638.073 lempiras.

Se preparan convenios con el Banco Internacional de Reconstrucción y Fomento para la construcción de la carretera del norte, la carretera San Pedro Sula-Puerto Cortés, la de occidente, La Venta, Jícaro Galán.

SECRETARÍA DE RECURSOS NATURALES
SEGURIDAD ALIMENTARIA

Para incrementar la productividad agrícola se brindó asistencia técnica a 33,816 productores. Al sector reformado corresponden 14,649 y al sector independiente 19,167.

El área asistida en granos básicos fue de 108,589 hectáreas, con una producción de 201,247 toneladas métricas, de las cuales un 74% fueron a maíz, y el resto frijol, arroz, sorgo y soya.

El 16% del área que se siembra en el país asistida por esta secretaría obtuvo la producción del 34% de lo que se produce a nivel nacional.

En investigación agrícola se ejecutaron 519 experimentos, 258 ensayos en fincas de agricultores, 127 ensayos de sistemas de producción y 112 lotes demostrativos para los productores.

Se distribuyeron 950 toneladas métricas de semilla mejorada.

Se brindaron 35,810 horas de servicios de mecanización, generándose un ingreso de 1,403,400.00 lempiras. Se distribuyeron 1,862 silos metálicos para almacenar 80,000 quintales de granos básicos.

Se construyeron 23 pequeños y medianos proyectos de riego que cubren 970 hectáreas. Se dio apoyo para rehabilitar 47 proyectos privados y estatales que cubren 4,150 hectáreas.

Está en ejecución un proyecto por 45 millones de lempiras para la construcción de 600 pequeños y medianos sistemas de riego a nivel nacional. Se ha hecho el estudio de 37 sistemas de riego en 1,500 hectáreas.

En la zona sur, en un programa de emergencia, se incluyó la siembra de 2,800 hectáreas de granos básicos, con una donación de 50,000 kilogramos de semilla mejorada a los productores. Se distribuyeron 480,000 kilogramos de maíz, frijol y arroz y 128,300 raciones alimenticias, con el programa de cooperación hondureña-alemana, Alimentos por Trabajo.

Se brindó asistencia técnica pecuaria a 1,147 fincas, en un área de 28,694 hectáreas beneficiando a 3,528 productores.

Se distribuyeron 362 reproductores de las razas Holstein, pardo suizo y Brahaman y se traspasaron 129 cabezas al fondo ganadero.

Se importaron 589 cabezas de la raza Holstein en estado de gestación para ser vendidos a precio de costo.

ASISTENCIA TECNICA PARA INCREMENTAR PRODUCCION

33,816 PRODUCTORES

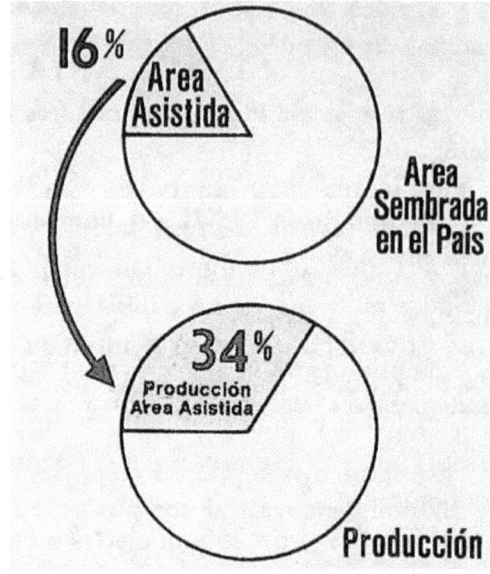

16%
Area Asistida

Area Sembrada en el País

34%
Producción Area Asistida

Producción

(Foto 1)
Con miras al mejor desarrollo de la agricultura, la SRN, por medio de la Dirección General de Recursos Hídricos ha ejecutado numerosos proyectos de riego a nivel nacional.

(Foto 2)
Muchas familias están mejorando sus ingresos hogareños por medio de la Piscicultura, a través de cuya actividad ya operan 300 estanques en el país actualmente.

(Foto 2)
La producción porcina está recibiendo un impulso sin precedentes por parte del Gobierno

40

Se inició el proyecto de fomento ganadero y sanidad animal con 22.6 millones de lempiras. Se organizó la Comisión Nacional de la Leche.

Se traspasó la Planta de Productos Lácteos a los productores de San Lorenzo, Olanchito.

Se produjeron 195,225 vacunas antirrábicas, canina y felina y 1,500 vacunas antirrábicas bovina.

Se produjeron 615,459 alevines especialmente carpa y tilapia. Se construyeron 247 estanques para beneficiar a 2,170 familias.

Se construyó la primera etapa del Proyecto Camaronero Tipo Escuela con un valor de 300 mil lempiras y se completó el estudio de los recursos pesqueros en el Mar Atlántico.

DESARROLLO RURAL INTEGRADO

Se organizaron 1,630 comités agrícolas regionales para evaluar las acciones productivas de las comunidades. Se construyeron 108 centros comunales. En agroindustria están en ejecución 126 proyectos.

Se terminó el Proyecto de Desarrollo Integral de La Paz e Intibucá, con un monto de 24 millones de lempiras. Se preparó la segunda etapa del Proyecto Dri-Yoro con 15 millones de lempiras.

DIVERSIFICACIÓN AGRÍCOLA Y FOMENTO A LAS EXPORTACIONES

Se ha creado el Programa de Diversificación Agrícola y Sustitución de Importaciones. Se dio asistencia y créditos a 475 productores en la siembra de 780 hectáreas de arveja china, cardamomo, cacahuate, chiles, frutales, cacao, cebolla y tomate.

Se brindó asistencia técnica a 423 productores de plátano en 3,120 hectáreas.

CONSERVACIÓN DE LOS RECURSOS NATURALES RENOVABLES Y PROTECCIÓN DEL MEDIO AMBIENTE

Se construyeron sistemas de conservación de suelos a 12,132 hectáreas. Se instalaron 31 viveros que produjeron 890.350 plantas de varias especies. Se realizaron 6,750 análisis de suelo en 16,730 hectáreas.

Se prepararon los anteproyectos de las nuevas leyes de pesca, vida silvestre y protección del medio ambiente y el código de agua.

SECRETARÍA DE ESTADO EN EL DESPACHO DE EDUCACIÓN PÚBLICA

NIVEL PREESCOLAR
MATRÍCULA Y DOCENCIA

Se atendieron 52,550 niños que representan el 11.2% de la población en edad preescolar. Funcionan 760 jardines de niños. El 75.8% los atiende el sector público y el 24.2% el sector privado. 565 corresponden al área urbana y 195 a la zona rural. Son atendidos 1,439 maestros.

CAPACITACIÓN DE RECURSOS HUMANOS

Se desarrollaron 6 cursos-taller y se dieron orientaciones técnicas a 8,111 niños y 1,274 maestros.

PROGRAMA DE EDUCACIÓN PREESCOLAR NO FORMAL
Se asisten 1,440 niños por 79 voluntarios.

NIVEL PRIMARIO

La matrícula fue de 792, 820 alumnos, que representa una cobertura de 89.4%.
El 40.3% corresponde al área urbana y el 59.7% al área rural. El sector oficial atiende el 91.1% y el sector privado el 4.9%. Este nivel fue atendido por 21,404 maestros.

ESTABLECIMIENTOS EDUCATIVOS Y CREACIÓN DE PLAZAS
La matrícula se atendió en 6,728 establecimientos, el 12.60% en el área urbana y el 87.4% en el área rural. Se crearon 1,325 plazas para maestros.
Se distribuyeron 300 juegos de muebles para el nivel preescolar, 14,444 pupitres bipersonales y 405 pizarras, para beneficiar 46,888 niños.

NIVEL MEDIO
La matrícula fue de 163,408 alumnos en 402 colegios, así:

ATENCIÓN A PRE-ESCOLAR Y PRIMARIA	
MUEBLES PREESCOLAR	300
PUPITRES BIPERSONALES	14,444
PIZARRAS	405
BOLSAS C.S.M.	108,347
BOLSAS LECHE	73,421
AZÚCAR QUINTALES	1,377

Foto 1: Instituto Ramón Villeda Morales, Morocelí, Departamento El Paraíso.

(Foto 2: Gimnasio-Auditorio Instituto Departamental de Oriente Danlí, Departamento El Paraíso

Foto 3: Escuela Las Américas, Col. Centroamérica Oeste, Comayagüela

CONSTRUCCIONES REALIZADAS	CONSTRUCCIONES EN EJECUCION	ASISTENCIA TECNICA EN DISEÑO
Aulas Escolares 784		
Gimnasios 2	Aulas Escolares 228	48 Escuelas Primarias
Rep. Edificios 18	Rep. Edificios 17	36 Institutos Nivel Medio
		10 Jardines de Niños

Ciclo común	136,322	83%
Bachillerato en C. C. L. L.	12,245	7%
Br. en promoción social	224,883	2%
Educación magisterial	11,461	7%
Educación artística	897	1%

Se subvencionaron 36 colegios semi oficiales y se dieron 1,930 becas.
Se graduaron 8,101 estudiantes.

EDUCACIÓN TÉCNICA

Se matricularon 51,410 alumnos en 234 colegios. Se dieron 920 becas. Se subvencionaron 21 centros técnicos. Se graduaron 10,156 alumnos.

ESCUELA SUPERIOR DEL PROFESORADO FRANCISCO MORAZÁN

Se matricularon 5,980 estudiantes, atendidos por 327 docentes. Se graduaron 388 alumnos

ALFABETIZACIÓN Y EDUCACIÓN DE ADULTOS

Se matricularon 66,205 adultos.

PLANIFICACIÓN SECTORIAL Y REFORMA EDUCATIVA

ACCIONES REALIZADAS:

Impresión de 2,000 libros.
Publicación del Anuario Estadístico 1987.
Capacitación de personal.
Diseño del Plan del Ciclo Común.
Construcción de 494 módulos escolares, 2 gimnasios y reparación de 21 edificios escolares en 16 departamentos.

SECRETARÍA DE ESTADO EN EL DESPACHO DE SALUD PÚBLICA
PROGRAMAS BÁSICOS

Se concertó el Acuerdo Nacional entre representantes del Gobierno y las Fuerzas Vivas de la Nación para fortalecer el Plan de Supervivencia Infantil. Al respecto se realizaron dos jornadas de movilización por la vida del niño con una amplia cobertura de vacunación.

Se ha reducido la incidencia de la diarrea en un 28% y las infecciones respiratorias agudas se redujeron en un 7.3%.

En relación a la tuberculosis se redujo la tasa de abandono de tratamiento del 23% al 11% con mayor control de la enfermedad.

En 548 pequeñas comunidades rurales se construyeron acueductos, pozos, letrinas, fosas sépticas y mejoramiento de fuentes de agua. Se redujo la incidencia de la malaria en un 3%.

Se ha formulado la política nacional de alimentación y nutrición y el Programa de Fortificación de Alimentos.

PROGRAMAS COMPLEMENTARIOS

Se proporcionaron 1,283,404 consultas y 122,865 egresos de pacientes.

En la preservación de piezas dentales se atendieron 21,000 niños con tratamiento restaurativo y 750,000 niños con aplicación de flúor para evitar la caries dental. En la población adulta se realizaron 180,000 atenciones.

Se manejaron problemas vinculados al alcoholismo, drogadicción, epilepsia, trastornos psicóticos y la rabia humana se eliminó en 16 departamentos.

Los servicios móviles y de emergencias nacionales, o sea las brigadas médicas, atendieron 197 nuevas comunidades rurales.

PROGRAMA DE APOYO E INVERSIÓN

Se formuló el Anteproyecto de Código Sanitario y con el Instituto Hondureño de Seguridad Social se formularon planes en las áreas de mantenimiento, recursos humanos, suministros, desarrollo rural, la construcción del almacén central y de 6 almacenes regionales para mantenimiento de equipo médico y taller automotriz. Los centros de salud de Roatán, Yuscarán, Trinidad, Colinas y Santa Bárbara se transformaron en clínicas materno-infantiles.

Se pusieron en marcha 5 hospitales con un costo de 54 millones de lempiras.

Se pusieron en funcionamiento 4 nuevos laboratorios en el área rural.

Se ha puesto en marcha el proceso de programación local en 6 regiones sanitarias.

Se operó con 211.9 millones de lempiras, se contó con 665 establecimientos de salud y con 11,330 funcionarios y empleados como apoyo humano.

SECRETARÍA DE ESTADO EN LOS DESPACHOS DE TRABAJO Y ASISTENCIA SOCIAL

En materia de conflictos individuales se resolvieron 16,764 casos y se logró a favor de los trabajadores el pago de L. 15,057,742.24.

En cuanto a los conflictos colectivos, casi en un ciento por ciento se logró la suscripción de acuerdos conciliatorios que restablecieron la paz entre los factores de la producción.

Esta gestión fue relevante en las siguientes unidades productivas: Empresa Nacional de Energía Eléctrica, Azucarera Hondureña, Azucarera Choluteca, Rosario Resources Corporation, Asociación Campesina Isletas, Centro Universitario Regional del Norte, Universidad Nacional Autónoma de Honduras, Instituto Hondureño de Seguridad Social, Tropical Plywood, Procesadora Metropolitana de Carnes, Transportistas de Carga Urbana, Interurbana y Taxis, Secretaría de Comunicaciones, Obras Públicas y Transporte; Instituto Nacional Agrario, Ministerio de Salud Pública, alcaldías municipales de Choluteca, Comayagua y El Progreso, Secretaría de Educación Pública, Correo Nacional, Procesadora de Mecanización Agrícola, Refinería Texaco, Transporte Urbanizado de Honduras, Tabacos Hondureños, Empresa Libre de Transporte Terrestre de Honduras, Muebles Contessa, Corporación Hondureña de Desarrollo Forestal, Cervecería Hondureña, Fábrica de Manteca y Jabón Atlántida, Manufacturas de Cartón, Hospital La Policlínica, Agencia René Sempé, Tabacos Flor de Copán, Standard Fruit Company, Hospital D'Antoni, Tela Railroad Company, Supermercados Prisa, Industria Cementera Hondureña, Ferrocarril Nacional y otros.

Se encuentran en trámite 30 solicitudes de suspensión de contratos y 20,696 inspecciones y reinspecciones a centros de trabajo fueron realizadas.

Se aprobaron 137 reglamentos de trabajo, se inscribieron 40 contratos colectivos de condiciones de trabajo, se otorgaron 16 personalidades jurídicas a sindicatos de trabajadores y la inscripción de 135 juntas directivas de los existentes.

En previsión social los servicios médico-odontológicos, educaciones y alimenticios atendieron 1,033 niños en 10 guarderías infantiles. Se distribuyeron a estos niños 924,070 raciones alimenticias; se practicaron 56,460 exámenes médicos; se organizaron 423 comisiones mixtas de higiene y seguridad ocupacional; se aprobaron 121 reglamentos para empresas y se implantaron sistemas de seguridad en empresas con alto riesgo.

En promoción social a trabajadores se desarrollaron 31 cursos de capacitación en electricidad básica, tejido en fibras naturales, sastrería, corte y confección, fotografía, artes marciales, música, mecánica automotriz en diésel y gasolina, zapatería, computación electrónica, construcciones metálicas, belleza, cocina y repostería, arreglos navideños y manualidades, comprendiendo un total de 1,164 trabajadores.

Se colocaron 5,232 trabajadores y se logró el enganche de una suma casi igual de marinos hondureños que transfirieron fondos a sus familiares en el país de 9 millones de dólares.

SECRETARÍA DE ESTADO EN EL DESPACHO DE CULTURA Y TURISMO

REUBICACIÓN DE DÍAS FERIADOS

Se presentó al Congreso Nacional un proyecto de ley para la reubicación de los días feriados a los días lunes con el objeto de crear condiciones para la movilización a diferentes partes del país.

CENTROS TURÍSTICOS DE RECREACIÓN.

Se obtuvo financiamiento con A.I.D. por 448,000 lempiras para la creación de centros turísticos en Omoa, Tela, La Ceiba y Cedeño.

SE ELABORÓ EL PROYECTO DE DESARROLLO TURÍSTICO DE LAS ISLAS DE LA BAHÍA QUE COMPRENDE:

1. Mejoramiento del aeropuerto de Roatán aumentando la pista a 1,840 metros.
2. Mejoramiento de la red vial de Roatán a un costo de 13 millones de lempiras.
3. Mejoramiento del sistema de energía eléctrica a un costo de 10 millones de lempiras.

4. Mejoramiento de las telecomunicaciones instalando 1,200 líneas de discado automático nacional y extranjero a un costo de 3 millones de lempiras.

5. Financiamiento para la construcción de 400 habitaciones a un costo de 24 millones de lempiras.

6. Estudio para la creación de un parque de reserva en las Islas de la Bahía. Su costo asciende a 64 millones de lempiras y generará 80 millones en divisas anuales, creando 3,000 nuevos empleos directos y muchos empleos indirectos.

MES DEL HONDUREÑO AUSENTE

Se emitió el decreto 187-86 que establece el programa Mes del Hondureño Ausente, que otorga facilidades aduaneras y migratorias a los hondureños que residen en el exterior y que ingresen en vacaciones entre el 15 de noviembre y 15 de enero de cada año.

DIRECCIÓN GENERAL DE CULTURA
BIBLIOTECA NACIONAL

Recibió 2,647 publicaciones; catalogó 1,366 libros; atendió 210,298 usuarios e impartió cursos de bibliotecología. Clasificó 58,000 documentos correspondientes al periodo de 1880 a 1899.

DEPARTAMENTO DE RESCATE

Se clasificaron documentos de los siglos XVII al XIX sobre la zona fronteriza con El Salvador. Se rescataron 500 piezas arqueológicas prehispánicas.

DEPARTAMENTO DEL LIBRO

Se difundieron 7 obras de autores hondureños.

Se realizaron los certámenes literarios centroamericanos: Juan Ramón Molina y Rafael Heliodoro Valle.

Se publicaron los escritos de José Cecilio del Valle, Dionisio de Herrera, Ramón Rosa y Marco Aurelio Soto.

DESARROLLO DEL FOLKLORE NACIONAL

Se realizaron 250 presentaciones de los siguientes grupos artísticos: Cuadro Nacional de Danzas Folklóricas, Ballet Folklórico Garífuna y conjunto de marimba Alma de Honduras.

PARANINFO UNIVERSITARIO

Se está restaurando el antiguo paraninfo universitario a un costo de 600 mil lempiras para instalar el museo nacional, galería de arte, sala de conferencias, cines y video con un sistema de traducción simultáneo.

INSTITUTO HONDUREÑO DE ANTROPOLOGÍA E HISTORIA

Se elaboró un libro sobre grupos étnicos de Honduras.

Se ha hecho un reconocimiento arqueológico de Calpules y Los Anises en El Paraíso, en La Entrada, Copán, preparación de manuscritos y el proyecto arqueológico de El Cajón.

INSTITUTO NACIONAL AGRARIO

El Instituto Nacional Agrario (INA) ejecutó en 1986 los objetivos para lograr una reforma agraria integral e inició este quehacer con la definición de objetivos y políticas que mejorarán las condiciones de vida del hombre del campo.

SITUACIÓN INSTITUCIONAL

Se encontró una estructura organizativa institucional inoperante, con procedimientos técnicos-legales y administrativos obsoletos que obligaron a reestructurar la institución.

A la fecha la situación se ha estabilizado, la reestructuración está completamente concluida, lográndose la definición de mecanismos e instrumentos que evitarán: la dilapidación de recursos humanos y financieros, la duplicidad de esfuerzos, así como permitirá el establecimiento de un sistema de coordinación, supervisión y evaluación estimándose que logrará la consecución del objetivo propuesto de llegar efectivamente con acciones concretas a atender el hombre del campo.

AFECTACIÓN Y ADJUDICACIÓN DE TIERRAS

En el periodo sujeto de análisis se afectaron un total de 12,410 hectáreas en las distintas regiones agrarias, beneficiando a 98 grupos campesinos que comprenden 2,806 familias.

Se emitieron 65 garantías de ocupación de grupos campesinos sobre un área de 7,414 hectáreas y 92 garantías individuales en un área de 2,577 hectáreas.

Se delineó 15,300 hectáreas a grupos campesinos y también se atendieron 296 solicitudes de unidades agrícolas familiares en un área de 1,646 hectáreas.

TITULACIÓN

Se emitieron 17 títulos a grupos campesinos para un área de 2,982 hectáreas favoreciendo a 340 socios; también se titularon 169 unidades agrícolas familiares con área de 1,849.14 hectáreas.

El proyecto de titulación INA/AID 522-01-73 tituló un área de 22,877.74 hectáreas beneficiando a 3,368 familias.

Se registraron 4,050 títulos y 5,965 predios en el Departamento de Cortés y La Paz, que suman un total de 348,346 hectáreas; de igual forma la delimitación predial alcanzó un total de 272,065 hectáreas en Cortés y La Paz.

AFECTACION Y ADJUDI-CACION DE TIERRAS			
Tierras afectadas	12,410	HECTAREAS	
Garantías de ocupación	7.414	"	A GRUPOS
	2,577	"	PERSONALES
Títulos a grupos	2,982	"	A GRUPOS
	1,849,14	"	UNID. AGRIC. FAM.
Títulos INA/AID	22,877,74	"	

ALIMENTOS SUMINISTRADOS		
PROYECTO COHAAT	6.500	QUINTALES GRANOS BASICOS
P.M.A	11.690	QUINTALES GRANOS BASICOS
	1.600	CAJAS DE ACEITE
	4.769	QUINTALES DE LECHE EN POLVO

26,275 familias campesinas recibieron la acción de formación y capacitación

ASISTENCIA TÉCNICA Y CAPACITACIÓN

En materia de promoción y capacitación se atendió a 1,051 grupos campesinos, entre asentamientos, cooperativas y empresas asociativas que suman un total de 26,275 familias, afiliadas a las distintas organizaciones campesinas.

Esta asistencia se realizó por medio de 3,645 eventos selectivos y de base en los cuales se incluyen 494 cursos en materia de organización, cooperativismo, reforma agraria, técnico-productiva y audiovisual, así como la elaboración de diagnósticos, constituciones legales, selección de grupos, elaboración de reglamentos y otros.

Referente a los servicios de asistencia técnica, aparte de brindar apoyo en los aspectos de mecanización agrícola, investigación y obras civiles, se dio servicio de extensión a 526 grupos campesinos formados por 13,150 familias que explotaron 21,285 hectáreas dedicadas a los cultivos de granos básicos, plátanos, tabaco, piña, caña de azúcar, algodón, melón, sandía, soya, cítricos, marañón y hortalizas, financiados con fondos nacionales y externos.

En el campo de la comercialización se apoyó técnicamente la exportación de 1,211 quintales de semilla de marañón a la república de Guatemala, se gestionó la venta de 23,000 quintales de maíz, 1,840 de arroz, 900 de frijoles y 1,600 de sorgo en beneficio de 28 grupos campesinos.

El estado, en intento de reactivar las plantaciones de cítricos del Valle del Aguán, firmó con las cooperativas involucradas un convenio para manejar directamente las plantaciones por un periodo de 8 años y con un carácter de subrogación de la deuda.

Durante el presente año, de un total de 511 hectáreas factibles de rehabilitar se recuperaron un total de 400 hectáreas, estando 100 hectáreas en producción que permitieron la exportación de 66,134 cajas de toronjas, que reportaron en divisas 240,000.00 dólares, cifra jamás lograda en la exportación de esas plantaciones, que con un total de 2,004 hectáreas el volumen mayor exportable ascendió a 35,000 cajas.

CRÉDITO AGRARIO

El programa de Proyectos Participativos otorgó 117 créditos a igual número de grupos campesinos por un monto de L. 855,837.11 destinados prioritariamente al cultivo de granos básicos y otros cultivos como algodón, sandía, yuca, soya y café.

El proyecto del marañón, en la zona sur, donde están involucradas 113 cooperativas financiadas con fondos del Banco Centroamericano de Integración Económica (BCIE); debido a atrasos en los desembolsos, el INA suministró en carácter de préstamo puente un financiamiento por la cantidad de L. 284,148.

En igual circunstancia, al darse la situación que un total de 15 cooperativas que explotan un área aproximada de 2,238 manzanas de caña, contaban con financiamiento, dándose la posibilidad de perder las plantaciones, esta institución de fondos no disponibles para crédito, otorgó un financiamiento puente para tal efecto, por la cantidad de L. 504,298.00.

En concepto de avales, se suscribieron un total de 73, por un monto de L. 16254,456 destinados a financiar rubros importantes en un número significativo de agrupaciones campesinas.

En el periodo de este informe, la capacitación sobre la deuda agraria fue de L. 1,601.281.

El crédito hacia la mujer no se incluye en este inciso.

PROGRAMA DE ATENCIÓN DE LA MUJER Y JOVEN RURAL

Como política institucional en referencia a la atención de la mujer y joven rural, esta administración ha definido que este sector poblacional debe ser integrado al proceso de desarrollo; se ha dado asistencia crediticia a través del convenio (HON-82-007-INA-FAO) a 19 grupos campesinos que integran 267 familias con un financiamiento de L. 92,525.00.

La Asociación Hondureña para la Juventud y la Mujer Rural (AHDEJUMUR), que financia grupos femeninos en varias regiones del país, ha sido apoyada por el INA con la asistencia técnica necesaria hacia sus programas y proyectos.

PROYECTOS ESPECIALES

El instituto por medio de la unidad de asistencia técnica Misión Japonesa, ha preparado el proyecto de explotación de camarón en la zona sur del país a beneficio del sector reformado. Se ha ejecutado la primera parte del proyecto "Modelo de Desarrollo Integral en Comunidad Agrícola" (MODICA) que se refiere a obras de riego en las áreas de Yusguare y Marcovia; beneficiando a los grupos campesinos de la zona.

En apoyo a la zona de mayor marginalidad del país se ha concluido la preparación del proyecto "Consolidación de la Reforma Agraria en la Zona Sur" apoyado por expertos de Bélgica, mismo que será iniciado a finales de enero de 1987 con financiamiento de la Comunidad Económica Europea y el Gobierno de Bélgica por un monto de L. 10,000.00 como contraparte, el Gobierno de Honduras contribuirá con un monto de L. 1,000.000, teniendo como meta beneficiar a 245 grupos del sector reformado.

Esta institución ha coordinado y está por finalizar la elaboración del Proyecto de Desarrollo Rural Integrado Choluteca-Valle (DRISUR) cuya solicitud de financiamiento por valor de L. 40,000.000 se presentó al Banco Interamericano de Desarrollo (BID).

Se ha concluido la construcción del proyecto "Centro de Creación de Alevines" ubicado en Gualala, Santa Bárbara, financiado con fondos de la Comunidad Económica Europea (CEEE), Gobierno de Bélgica y la Asociación Tilapia Food Organization, a un costo de FB 15,000,000.

En materia de proyectos que generan desarrollo de zonas importantes del país, esta institución participa en carácter de co-ejecutor.

En el marco del proyecto COHAAT este año se distribuyeron 6,500 quintales de granos básicos a 286 grupos campesinos en la zona sur; y por medio del Programa Mundial de Alimentos (PMA) se suministraron 11,690 quintales de granos básicos, 1,600 cajas de aceite comestible y 4,769 quintales de leche en polvo beneficiando a 276 grupos campesinos del sector reformado en todo el país.

EMPRESA NACIONAL DE ENERGÍA ELÉCTRICA

La Empresa Nacional de Energía Eléctrica desarrolló en 1986 sus actividades y políticas de conformidad con los lineamientos preestablecidos por el Gobierno de la República a través de la empresa, y ejecutó los planes de corto, mediano y largo plazo que correspondían a este periodo.

PROYECTOS DE INVERSIÓN

Se efectuaron negociaciones con el Fondo de Inversiones de Venezuela a fin de utilizar el remanente del préstamo del proyecto El Cajón en proyectos de electrificación rural con un costo de 7.5 millones de lempiras.

Líneas de transmisión San Marcos-Cuyamel en el Departamento de Cortés, San Marcos-Macuelizo-Azacualpa en el Departamento de Santa Bárbara. San Lorenzo-Amapala en el Departamento de Valle. San Francisco de La Paz-Guarizama-Manto en el Departamento de Olancho.

Se concertaron las negociaciones de financiamiento con el FIV para la construcción de la línea de transmisión Tegucigalpa-Juticalpa, la que tendrá un costo aproximado de 26.6 millones de lempiras.

Se presentó solicitud de financiamiento al Fondo de Inversiones de Venezuela para electrificar las comunidades de Morazán y El Negrito, electrificación de FIAPSA y subestaciones asociadas en el Departamento de Yoro. El costo total de la obra es de 12 millones de lempiras.

Con la Agencia de Desarrollo del Gobierno de Canadá (CIDA), se negoció que el remanente del préstamo que otorgará para el proyecto El Cajón se utilizará en el proyecto de subestaciones y equipos para el sistema interconectado. En esta negociación se logró que dicha agencia donara a la ENEE para este proyecto la cantidad de 23 millones de lempiras.

Se firmó con el Banco Centroamericano de Integración Económica préstamos de 3.8 millones de dólares, para dar inicio a los estudios de los proyectos Sico y Remolino y optimización del sistema de ENEE.

Se licitaron los proyectos de electrificación de las comunidades comprendidas entre El Níspero-Santa Rosa de Copán, así como las comunidades entre Tegucigalpa y Danlí, El costo de la obra aproximado es de 30 millones de lempiras y se iniciará su construcción en 1987.

PROYECTOS DE INVERSIÓN

Se concluyó la construcción de una línea de transmisión entre Marcala y La Esperanza, a un costo de 750 mil lempiras.

Se finalizó la construcción de las líneas de transmisión entre San José de Colinas-San Luis, con una longitud de 22 Kms. El costo del proyecto ascendió a L. 641,014.00.

Se construyó la línea de transmisión Naco-Quimistán-Pinalejo, así como los sistemas de distribución de Quimistán y Pinalejo. Su costo es de L. 1,466,245.00.

Se construyó la línea de transmisión de doble circuito entre la subestación de San Juan y Progreso. Su coste fue de L. 105,774.00.

Se procedió a la ampliación de la subestación de Pavana, con el objeto de mejorar la estabilidad de la red Centroamericana de Interconexión Eléctrica. Con lo cual se podrá vender más energía eléctrica al resto de los países centroamericanos. El costo de estas facilidades ascendió a L. 3,569,237.20.

(Foto 1)
Tarea prioritaria del Gobierno ha sido y será llevar la electrificación al sector rural. Sistema de energía eléctrica de la comunidad de San Luis, Departamento de Santa Bárbara.

(Foto 2)
Sistema de distribución de Quimistán, Santa Bárbara.

ESTUDIOS REALIZADOS

Se concluyó el estudio de prefactibilidad para un pequeño proyecto en Chinacla, Intibucá. El proyecto puede contar con una capacidad instalada de 12.3 Mw., lo que hará posible la consolidación económica de esa zona fronteriza.

Se concluyó el inventario hidroeléctrico de sitios con capacidades menores de 30 Mw,

Se iniciaron los estudios para evaluar la cuenca del Río Nacaome, habiéndose identificado un proyecto de uso múltiple.

Se realizó el estudio preliminar para el aprovechamiento del Río Bonito en La Ceiba.

Se iniciaron los estudios de Geotermia, habiéndose efectuado investigaciones en lo referente a Geología, Geofísica, Gravimetría y auto potencial con una inversión de 1.5 millones de lempiras.

El objetivo específico es determinar la factibilidad técnica-económica del desarrollo del recurso geotérmico en seis áreas: Platanares, San Ignacio, Pavana, Sambo Creek, El Olivar y Azacualpa.

Se prepara el Plan de Electrificación Rural a nivel nacional.

MEJORAMIENTO DE SISTEMAS

Reconstrucción y mejoramiento de los sistemas de distribución a las principales ciudades servidas por ENEE, incluyendo Tegucigalpa, San Pedro Sula, Puerto Cortés, Tela, La Ceiba, Choluteca, Progreso y demás. Su costo fue de L. 1,970,000.00.

TRABAJOS EN OCCIDENTE

Se iniciaron los trabajos de levantamientos topográficos para electrificar las comunidades comprendidas entre Santa Rosa de Copán-Ocotepeque y La Entrada-Copán Ruinas, con un costo de lempiras 236,132.00.

LICITACIONES

Se elaboraron y publicaron documentos de licitación para la electrificación de la Isla de Roatán, cuyo costo se estimó en lempiras 5,000,000.00.

Se prepararon y publicaron documentos de licitación para el diseño final del edificio central de la ENEE.

VENTA INTERNACIONAL DE ENERGÍA

Se firmaron acuerdos de venta de energía con Costa Rica y Panamá, habiéndose iniciado las ventas con Panamá en el mes de diciembre.

PROYECTOS DE BENEFICIO COMUNAL

Se ha efectuado inventario de las colonias marginales y gestiona financiamiento para su electrificación con el Banco Interamericano de Desarrollo.

ESTUDIOS PARA PROYECTO NARANJITO

El Programa de Desarrollo Extranjero de la Asociación Internacional para el Desarrollo (AID) puso a disposición de la empresa, donación de US. $530,000.00 para efectuar el estudio de factibilidad del Proyecto Naranjito.

RELACIONES OBRERO-PATRONALES

La empresa ha puesto en funcionamiento un plan de retiro, el cual es financiado en forma conjunta entre trabajadores y la empresa.

PROYECTO EXPANSIÓN DEL SISTEMA CENTRAL NORESTE Y SURESTE

El proyecto se inició en octubre de 1985. Las construcciones comienzan en febrero de 1987 y está previsto concluirlas en agosto de 1988, a un costo total de 40 millones de lempiras y con una capacidad a instalarse de 32.25 MUA. El Gobierno de la República Federal de Alemania da el financiamiento. Se beneficiarán cuatro municipios de Lempira, 19 municipios de Copán y 8 municipios de El Paraíso.

PROYECTO INCORPORACIÓN DE POBLACIONES RURALES AISLADAS AL SISTEMA CENTRAL INTERCONECTADO, FASE V

Este proyecto de agosto de 1985 iniciará sus construcciones en este mes de enero y se concluirán en mayo de 1988, a un costo total de 18.75 millones más sector 2 de 5 millones de lempiras, financiados por el Fondo de Inversiones de Venezuela (FIV). El proyecto cubre 6 departamentos: en Francisco Morazán beneficia a 4 municipios; en Intibucá 6, en Olancho 9, en Valle 2, en Cortés 2 municipios con 14 aldeas, en Santa Bárbara más de 8 municipios y sus aldeas. Se contempla la construcción de líneas de transmisión en 69 Kv., entre Tegucigalpa y Juticalpa, con el montaje de dos subestaciones y distribución de energía eléctrica en Guaimaca y Juticalpa. También incluye la construcción de una línea de subtransmisión en 34.5 Kv., desde Siguatepeque, de 130 Kv., entre las subestaciones para aumentar la confiabilidad del sistema de San Pedro Sula.

EMPRESA HONDUREÑA DE TELECOMUNICACIONES

La Empresa Nacional de Comunicaciones (HONDUTEL) se empeñó durante 1986 en desarrollar su programa de trabajo y en fortalecer su capacidad gestora, apoyada en el mejoramiento de sus servicios, con el fin de duplicar la capacidad instalada.

SERVICIOS Y REALIZACIONES
TELEFONÍA RURAL

En el campo de las telecomunicaciones rurales la empresa concentró sus esfuerzos en ampliar la cobertura del servicio, reformular el proyecto de telefonía rural y buscar fuentes potenciales de financiamiento para el mismo.

Se incrementó en un 30% el número de teléfonos manuales, aumentando a 40% la cobertura de las comunidades rurales.

En forma conjunta con funcionarios del Banco Mundial se dio inicio a la reformulación del proyecto de telefonía rural, fijándose el año de 1987 como meta para la completación del diseño preliminar.

Se comenzó el estudio de la posible utilización de la telecomunicación vía satélite para establecer una red básica de enlace para los 18 departamentos, la que podría constituirse en la columna vertebral del sistema rural.

TELEFONÍA INTERURBANA

Se completaron en un 80% los trabajos de instalación de 3,387 troncales interurbanas en la nueva central telefónica AXE-10 que instala en San Pedro Sula la compañía Ericsson Do Brasil.

Se finalizó en un 90% la construcción del sistema de transmisión digital que une las comunidades de Santa Rosa de Copán, Santa Bárbara, San Pedro Sula, La Lima, El Progreso, Tela, Puerto Cortés, La Ceiba, Roatán y Trujillo.

Se inició la fabricación de los equipos que enlazarán las comunidades de Catacamas, La Paz y El Paraíso.

Se contrató la ampliación del sistema de radio auxiliar entre San Pedro Sula, Tegucigalpa y Monserrat.

En las Islas de la Bahía se contrataron troncales interurbanas que permitan la interconexión del nuevo sistema telefónico que se instala en aquel departamento con el resto del país.

Se continuaron los trabajos de fabricación, inspección y capacitación para el nuevo sistema de transmisión digital que con una capacidad de 1920 canales se instala entre San Pedro Sula y Tegucigalpa.

TELEFONÍA URBANA

Con el propósito de mejorar el porcentaje de penetración telefónica nacional, la empresa, con la cooperación del Gobierno japonés y esfuerzo propio, continuó los trabajos de ampliación de las redes locales.

Se concluyó la ampliación a su capacidad máxima de las centrales de Santa Rosa de Copán, Tela y La Lima.

Se continuaron las obras de ampliación en Siguatepeque, Comayagua, Choluteca, Puerto Cortés, La Ceiba, San Pedro Sula y Tegucigalpa, D.C.

Se instaló una central móvil Ericsson de 1,000 líneas en Santa Bárbara.

Se iniciaron los trabajos de instalación de nuevas centrales en Olanchito, Choloma, Islas de la Bahía y Tocoa.

Con todo lo anterior la penetración telefónica se duplicará a 2.0 teléfonos por cada cien habitantes para el año 1990.

TELEFONÍA INTERNACIONAL

Se prepararon las bases para la adquisición de una nueva central internacional de conmutación digital, que deberá entrar en operación a principios de 1988.

En la estación terrena Lempira II se ha procedido a cotizar su ampliación, modernización e instalación del equipo para transmisión de televisión.

A nivel regional se iniciaron los estudios para la sustitución de la red analógica existente, por un sistema digital de alta capacidad que una las capitales centroamericanas.

TÉLEX Y TELEMÁTICA

El télex ha mantenido su nivel, y aun cuando el tráfico ha experimentado algún aumento, la demanda de terminales ha disminuido.

El número de minutos télex cursado en 1986 aumentó en un 5% comparado con el año anterior alcanzando la cifra de 1,126,479 minutos.

Los mensajes telegráficos internacionales disminuyeron de 16,599 en 1985 a 13,198 en 1986.

Se ha iniciado además el estudio para la instalación de terminales públicas para el servicio de facsímil.

TELEGRAFÍA Y GENTEX

La telegrafía morse nacional ha disminuido su cobertura en la medida que se han ido ampliando los otros servicios, particularmente el GENTEX que no es más que el servicio de cabinas públicas de télex.

MONITOREO Y CONTROL

En 1986 se autorizó la operación de 348 nuevas estaciones radioeléctricas, entre ellas 216 licencias para el servicio móvil marítimo, 32 radioaficionados, 4 radioemisoras A.M. y 2 radioemisoras F.M. A la fecha se cuenta con 2,745 estaciones, sobresaliendo las del servicio móvil marítimo (903), radioaficionados (537), emisoras A.M. (183) y emisoras F.M. (102).

POLÍTICAS Y LOGROS
EXPANSIÓN Y MODERNIZACIÓN

HONDUTEL durante 1986 realizó los mayores esfuerzos por duplicar el índice actual de penetración telefónica que durante los cinco años anteriores no había sobrepasado la cifra de 1 teléfono por cada cien habitantes. Con las inversiones realizadas el índice se duplicará y consecuentemente mejorará la infraestructura nacional de telecomunicaciones.

LOGROS FINANCIEROS Y TÉCNICOS

Las utilidades de HONDUTEL del periodo 1986 fueron de 23,221,000 de lempiras, con una sensible diferencia favorable, frente a las utilidades de los años anteriores, superando en 13.2 millones a 1985, y en 9.9 millones a 1984.

En 1986 el sistema telefónico y de télex incrementó en un 5% sus terminales en operación y en un 8% sus ingresos, frente al periodo anterior. Con 3,500 empleados se atendió una red telegráfica con 372 oficinas y más de 4 mil kilómetros de longitud, con 21 centrales automáticas que pueden servir a 60 mil abonados y 618 terminaciones manuales, una red HF para el servicio rural con más de 20 estaciones, un sistema de monitoreo que controla más de 2,700 estaciones radioeléctricas de todo tipo, y una red de servicio télex y telemática con capacidad para 1,282 terminaciones télex y 36 puertas para transmisión de datos.

EMPRESA NACIONAL PORTUARIA

La Empresa Nacional Portuaria (ENP) ha continuado con el desarrollo de la infraestructura portuaria. En 1986 invirtió 7 millones de lempiras en sus proyectos

INVERSIONES REALIZADAS

Finalización de las obras y puesta en marcha de la ampliación del muelle multipropósito identificado como No. 3, con lo que se aumentó en 2,000 metros cuadrados el área operativa de las instalaciones.

Recuperación de 21.5 manzanas de terreno mediante el dragado de la Bahía de Puerto Cortés, proyecto que contempla la incorporación de estas tierras adyacentes a las instalaciones portuarias para fines de ampliación de la terminal de contenedores en el mediano y largo plazo.

Con el propósito de mejorar las ayudas a la navegación marítima se concluyó la instalación de faros, boyas y balizas en la costa Atlántica y sur del país. Este programa fue complementado con la instalación de un sistema de radiocomunicación integrado en todos los puertos donde opera la ENP.

Con asistencia técnica internacional se ejecutaron tareas de evaluación de las condiciones de navegación del canal de acceso a San Lorenzo, cuyos resultados permiten determinar trabajos de revisión de cartas náuticas, dragados y señalización marítima, elementos de seguridad fundamentales para las naves que atracan en ese puerto.

Asimismo, se efectuaron levantamientos batimétricos en la costa Atlántica comprendida entre la frontera con Guatemala y Puerto Cortés para actualizar la carta náutica de esta zona.

ASPECTOS ADMINISTRATIVOS Y OPERATIVOS

Con el propósito de mantener el crédito institucional del país, la ENP ha mantenido al día su servicio de la deuda nacional e internacional, desembolsando en 1986 un monto de L. 22.4 millones entre capital e intereses.

En 1986 la ENP tuvo las metas operacionales siguientes: 3 millones de toneladas de carga manejadas; 1,404 barcos atendidos; 70,128 módulos de transporte manejados.

Se concretaron las negociaciones con la compañía Gases del Caribe, S.A. para la instalación de la terminal de gas licuado de petróleo (LPG) en Omoa, con lo cual se espera superar el problema de abastecimiento de este insumo en la economía nacional.

Se trabajó con las autoridades correspondientes en la formulación de los reglamentos y mecanismos de operación del proyecto de captación de carga en tránsito internacional, especialmente para el área centroamericana, con lo que se pretende incrementar la utilización de nuestras instalaciones portuarias y captar ingresos adicionales de dichas operaciones.

Con el objetivo de captar un mayor volumen de carga y naves y hacer más competitivo el Puerto de San Lorenzo se está concediendo un descuento promocional temporal del 60 por ciento en los cargos a las naves que atracan en este puerto.

Se continúa promoviendo la zona libre a nivel nacional e internacional, recibiendo inversionistas y misiones comerciales e industriales que están analizando la posibilidad de establecerse en nuestro país. Se gestiona asistencia financiera internacional no reembolsable para apoyar este proyecto, que ha demostrado tener muchas ventajas especialmente para atender el problema de desempleo en el país.

Se gestiona asistencia técnica y financiera internacional para establecer en Puerto Cortés un centro de capacitación en los campos portuario y marítimo, con el propósito de mejorar y elevar el nivel técnico del recurso humano de la ENP.

En apoyo a los programas educativos del gobierno, la ENP ha venido contribuyendo al sostenimiento de 145 maestros de once localidades rurales en el área de influencia de Puerto Cortés, con una atención a 6,000 alumnos.

SERVICIO AUTÓNOMO NACIONAL DE ACUEDUCTOS Y ALCANTARILLADOS

El Servicio Autónomo Nacional de Acueductos y Alcantarillados (SANAA), siguió en 1986 la política de salud y de servicios establecidos por el gobierno y realizó las siguientes actividades:

DISTRITO METROPOLITANO

El Distrito Metropolitano, con 470,000 personas abastecidas (59% de sus usuarios urbanos); el más importante de los sistemas operados por el SANAA, desde 1976 no ha recibido ningún aumento en su abastecimiento de agua. En estos últimos diez años, la población se ha duplicado, ocasionando una grave escasez durante la época seca a los usuarios del sistema. Aproximadamente el 30% de la población carece de servicio.

El SANAA, atendiendo esta situación de emergencia, ha respondido con las acciones siguientes:

Optimización de instalaciones existentes; ha consistido en:
— Reposición de 21 kilómetros de tuberías deterioradas en líneas de conducción;
— Maximización del aprovechamiento del sistema "Los Laureles".
— Construcción y reparación de tres (3) tanques de almacenamiento;
— Ampliación y mejoramiento de dos (2) plantas potabilizadoras;
— Rehabilitación, perforación y equipamiento de once (11) pozos profundos e instalación de sus líneas de conducción; y
— Preparación de un plan para distribuir equitativamente el agua disponible durante la época seca.
— En el área de estudios prioritarios se han concentrado los esfuerzos en:
— Estudios sobre el segundo embalse para Tegucigalpa.
— Investigación del potencial de aguas subterráneas en las zonas aledañas a la ciudad;
— Estudios para la captación y conducción de las fuentes de la montaña El Chile, y
— Anteproyecto de las obras para la ampliación y mejoramiento del sistema de abastecimiento de agua de Tegucigalpa, consistente en:
— Ampliación del Embalse Los Laureles,
— Mejoramiento Planta Potabilizadora Los Laureles,
— Construcción Planta Potabilizadora El Picacho,
— Ampliación y mejoramiento de la red de distribución, con énfasis en atender a la población marginada
— Protección y reforestación de la cuenca del Río Guacerique, aguas arriba del Embalse Los Laureles, y
— Completar la macro y micro medición.

Durante 1986 se repusieron 21 kilómetros de tuberías deterioradas en líneas de conducción, se construyeron y repararon 3 tanques de almacenamiento, y se perforaron, rehabilitaron y equiparon 11 pozos profundos

En el área de estudios prioritarios se han concentrado los esfuerzos en:

a)   Estudios sobre el segundo embalse para Tegucigalpa.

b)   Investigación del potencial de aguas subterráneas en las zonas aledañas a la ciudad;

c)   Estudios para la captación y conducción de las fuentes de la montaña El Chile, y

d)   Anteproyecto de las obras para la ampliación y mejoramiento del sistema de abastecimiento de agua de Tegucigalpa, consistente en:

— Ampliación del Embalse Los Laureles,

— Mejoramiento Planta Potabilizadora Los Laureles,

— Construcción Planta Potabilizadora El Picacho,

— Ampliación y mejoramiento de la red de distribución, con énfasis en atender a la población marginada

— Protección y reforestación de la cuenca del Río Guacerique, aguas arriba del Embalse Los Laureles, y

— Completar la macro y micro medición.

Por último, en noviembre de 1986 se sometió a consideración del Banco Interamericano de Desarrollo (BID), una solicitud por 108 millones de lempiras, para financiar el Proyecto de Ampliación y Mejoramiento descrito anteriormente.

A pesar de que el abastecimiento de agua es la primera prioridad en el Distrito Metropolitano, también en el área de alcantarillado sanitario se han construido 8.3 kilómetros de colectores para ampliar la cobertura del servicio.

El valor de las obras enunciadas asciende a 9.8 millones de lempiras.

SECTOR URBANO

Las actividades para mejorar el servicio en las localidades urbanas con mayores problemas se han concentrado en tres grandes grupos, denominados respectivamente "TRES CIUDADES", "CUATRO CIUDADES" y "PRODERO".

El grupo "TRES CIUDADES", comprende a Puerto Cortés, El Progreso y La Ceiba; con 130,000 personas abastecidas (16% de los usuarios urbanos), cuenta con sistemas cuya construcción quedó concluida en 1985.

Otro problema en "TRES CIUDADES", es el acelerado crecimiento poblacional que obliga a efectuar de inmediato ampliaciones para atender nuevos desarrollos urbanos y marginados.

El grupo "CUATRO CIUDADES" abarca las localidades de Tela, Siguatepeque, La Paz y Juticalpa. En el año de 1986 se ha trabajado en las actividades preparatorias para que en 1987 se de inicio a la construcción de las obras de mejoramiento y ampliación a un costo estimado de 48 millones de lempiras, que beneficiarán a una población actual de 60,000 personas.

El grupo PRODERO (Proyecto de Desarrollo de la Región Occidental) se ha iniciado con los pasos previos a la construcción de los sistemas de abastecimiento para las localidades de: Nueva Ocotepeque, Antigua Ocotepeque, Sant Fe y Sinuapa, en el departamento de Ocotepeque; y San Antonio, San José y Chalmeca, en el departamento de Copán. Con la atención de estas localidades se beneficiarán 26,000 personas con una inversión aprobada de 3.2 millones de lempiras.

SECTOR RURAL

Este sector ha sido tradicionalmente en el que SANAA ha trabajado más intensamente, en un claro reconocimiento de que la mayoría de la población hondureña es rural. Los trabajos realizados en el área rural se enmarcan en cuatro grandes proyectos a saber: Proyecto de Agua y Saneamiento Rural (PRASARAID); Proyecto de Acueductos Rurales SANAA-BID; el Proyecto SANAA-CARE-COMUNIDAD y el Proyecto Ministerio de la Presidencia.

El conjunto de programas anteriores construyó, durante 1986, 162 sistemas, beneficiando a una población total de 116,200 personas con una inversión de 6.7 millones de lempiras.

DESARROLLO INSTITUCIONAL

Los recursos con que cuenta la institución son inadecuados para atender en forma óptima sus responsabilidades. En tal sentido y con el propósito de encontrar medios para mejorar la prestación de los servicios, se han efectuado los diagnósticos respectivos.

FINANCIAMIENTO Y APOYO

El SANAA ha contado con el financiamiento y apoyo de los gobiernos de las repúblicas de Alemania, Estados Unidos de América, Francia, Gran Bretaña e Italia y la Agencia Internacional para el Desarrollo, el Banco Interamericano de Desarrollo, el Banco Mundial, la Cooperativa Americana de Remesas al Exterior con el Gobierno de Canadá y el Programa de Generación de Empleo y con el respaldo del gobierno.

INSTITUTO DE LA VIVIENDA

Durante 1986 el Instituto de la Vivienda (INVA) promovió programas masivos habitacionales de interés social e impulsó los objetivos de la institución en programas de construcción y mejoramiento de la vivienda en el área rural y urbana.

METAS REALIZADAS

El Plan de Inversiones de 1986, contempla la realización de L. 21,730.0 miles, habiéndose ejecutado hasta el mes de noviembre la cantidad de L. 10,071.7 miles. Se han construido 1,182 viviendas a nivel nacional, de las cuales 292 son en el área urbana y 890 en el área rural.

A través de los Programas de Mejoramiento Habitacional se logró la atención de 4,672 viviendas perteneciendo al área urbana 388 viviendas y la diferencia al área rural.

Programa de Construcción Habitacional Urbana

Al 30 de noviembre se han desarrollado en el área urbana los siguientes proyectos:

— **Hato de Enmedio, Sector 9**
En el Sector 9 de la colonia Hato de Enmedio, consta de 257 soluciones habitacionales, de las cuales 40 se construyeron en 1986, con una inversión de L. 785.0 miles que incluyen costos de infraestructura (subcolector de aguas negras, agua potable, alcantarillado) lo cual fue concluido en el mes de septiembre.
Este proyecto fue financiado por la Agencia Internacional para el Desarrollo (AID) y fondos propios.

— **Hato de Enmedio, Sector 10**
El proyecto Hato de Enmedio Sector 10 se inició en el mes de octubre y se construyeron 150 casas de dos (2) dormitorios, con un área de construcción de 45 metros cuadrados y un monto de inversión de L. 2,600.0 miles.
El financiamiento de este proyecto fue proporcionado por el Fondo de la Vivienda (FOVI).

VIVIENDAS CONSTRUIDAS

1.182

AREA URBANA	AREA RURAL
292	890

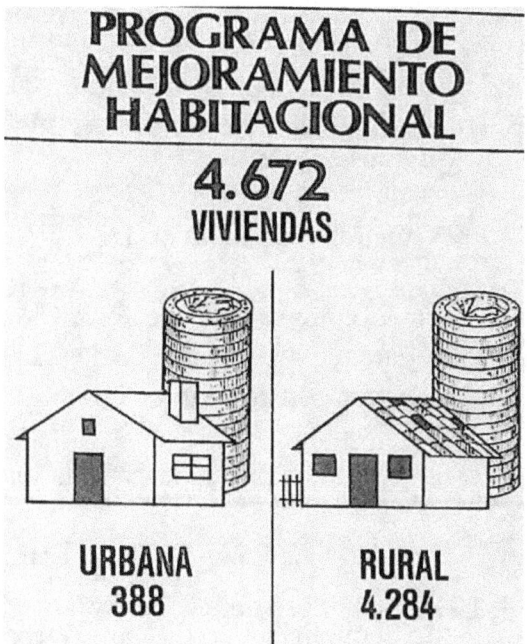

PROGRAMA DE MEJORAMIENTO HABITACIONAL

4.672 VIVIENDAS

URBANA	RURAL
388	4.284

El Gobierno espera superar en 1987 los importantes logros obtenidos en el campo de la vivienda.

— **Ampliación a la colonia Hato de Enmedio**

Continuando con la ampliación a esta colonia se inició frente al Sector 6 la construcción de 55 viviendas de dos dormitorios por el sistema Administración Directa.

La inversión en este proyecto se estima en L. 750.0 miles y serán financiados con fondos propios del INVA.

— **Viviendas experimentales**

En la colonia Hato de Enmedio se construyeron dos (2) viviendas experimentales de bahareque que constan de dos (2) dormitorios, baño, cocina, sala-comedor con un área de construcción de 54 m^2.

La ejecución presupuestaria durante este año ascendió a la cantidad de L. 18.2 miles.

— **Proyecto La Paz – SITRATERCO**

En el municipio de La Lima, Departamento de Cortés, el Instituto de la Vivienda (INVA), financió al Sindicato de la Tela Railroad Company (SITRATERCO) la construcción de 100 viviendas de la tipología "Unidad Básica", cuya inversión asciende a L. 1,008.0 miles; los recursos provienen del Banco Central de Honduras, canalizados al instituto a través del Fondo para la Reactivación de la Industria de la Construcción.

— **Programa de mejoramiento habitacional urbano**

Al mes de noviembre de 1986, el Departamento de Ahorro y Préstamo del INVA ha concedido un total de 241 préstamos con una inversión de L. 1,257.4 miles, para el mejoramiento, ampliación y remodelación de igual número de viviendas.

Por intermedio de la Unidad Ejecutora del Desarrollo Progresivo se han atendido en el mismo periodo un total de 147 préstamos en materiales de construcción para la ampliación de las unidades húmedas y básicas adjudicadas en las colonias Hato de Enmedio, El Sitio y Residencial El Progreso, la inversión realizada asciende a L. 366.2 miles.

— **Escuelas taller del INVA**

Con el objetivo de proyectarse hacia las diferentes comunidades del Distrito Central, el Instituto de la Vivienda cuenta con escuelas talleres en las colonias Kennedy, San José del Pedregal, Hato de Enmedio en donde se imparten cursos de Corte y Confección, Floristería, Manualidades, Repostería y otros.

— **Programa de Construcción Habitacional Rural**

En el área rural, el Instituto de la Vivienda continúa ejecutando proyectos destinados a satisfacer las necesidades de los grupos campesinos organizados, beneficiarios de la Reforma Agraria y también a aquellos grupos que trabajan independientemente en forma de cooperativa y/o patronato, a través de los siguientes programas:

— Programa Nacional de Vivienda Rural (PRONAVIR)

— Programa de Vivienda Mínima Rural (PVMR-KFW)

— Programa de Mejoramiento y Construcción de Vivienda Rural (AID -522-T-043)

— **Programa Nacional de Vivienda Rural (PRONAVIR)**

Al mes de noviembre este programa terminó once (11) proyectos localizados en diferentes partes del país, con un total de 243 viviendas de tres (3) dormitorios, sala-comedor, cocina y porche y un área de construcción promedio de 70 metros cuadrados. Cabe hacer mención que estos proyectos fueron iniciados a finales del último trimestre de 1985.

También, durante 1986, quedó en ejecución 1 proyecto de 40 viviendas de igual tipología con una inversión realizada de L. 165.9 miles y que finalizará a principios del próximo año.

El Programa Nacional de Vivienda Rural invirtió hasta el mes de noviembre un total de L. 1,594.7 miles en la construcción de 283 viviendas rurales, 40 de las cuales están determinadas de acuerdo con el porcentaje de ejecución financiera que presentó el proyecto (ver anexo No. 1).

— **Programa de Mejoramiento Habitacional Rural (AID No. 522-T-043)**

Este programa es ejecutado a través de 19 organizaciones privadas: Voluntarias sin Fines de Lucro (OVP'S) como: CARITAS, CEDEN, SAN JOSÉ OBRERO, AMÉRICA MANO A MANO y otras que trabajan en el área rural en todo el país.

Al 30 de septiembre de 1986 se han realizado 4,284 mejoramientos con una inversión de L. 635.0 miles.

Es importante mencionar que existe un componente dentro de este programa que atiende la construcción de nuevas viviendas invirtiendo en el mismo periodo la cantidad de L. 619.7 miles en la construcción de 224 casas, distribuidas en los departamentos de El Paraíso, Choluteca y Ocotepeque.

En septiembre se puso a operar el tramo ferroviario Tela-La Ceiba, una longitud de 97.5 Km.

FERROCARRIL NACIONAL DE HONDURAS

Conforme a la política establecida por el Gobierno de la República, el Ferrocarril Nacional de Honduras (FCN) continuó mejorando durante 1986 su infraestructura, para ofrecer servicios más eficientes al público y continuó ampliando su red de comunicaciones, estudiando con otras dependencias del Estado nuevos proyectos.

ASPECTO LABORAL

En el mes de septiembre de 1986 se firmó el convenio de negociación de un nuevo contrato de trabajo entre personeros del FCN y representantes del Sindicato de Trabajadores del FCN, el cual tendrá una duración de cuatro años hasta el 31 de diciembre de 1989, dando cumplimiento en lo que a la empresa corresponde, no obstante de las limitaciones económicas, en mejorar los ingresos del sector obrero y, consecuentemente, sus niveles de vida, situación que fue propiciada gracias a la oportuna colaboración directa del señor presidente de la república. Este aumento representa un incremento de 4,0 millones de lempiras.

Se inició un plan de capacitación del personal para despertar todo el potencial individual y alcanzar una mejor productividad empresarial.

ASPECTO ADMINISTRATIVO

La administración superior, con el objetivo de centralizar los departamentos de Contabilidad y Auditoría, los cuales se han mantenido a 60 Kms. de distancia de la gerencia desde el año de 1958, optó por trasladar estas oficinas a San Pedro Sula, remodelando la segunda planta del edificio que actualmente ocupa el dispensario médico del FCN.

ASPECTO DE DESARROLLO

En el mes de septiembre del año en curso se comenzó a operar el tramo ferroviario Tela-La Ceiba en una longitud de 97.5 Kms. aproximadamente, dando paso a la fruta manejada por contenedor proveniente del Valle del Aguán hacia Puerto Cortés, como punto de embarque a los mercados internacionales. Este corredor ferroviario, que había sido destrozado por el Huracán Fifí en septiembre de 1974, permite la interconexión entre los puertos del litoral Atlántico más importante del país.

El proyecto Parque de Contenedores de Banano, localizado en el Km. 5 de Puerto Cortés fue impulsado dentro de los recursos financieros limitados de la empresa, iniciando las obras de terracería. La factibilidad de este proyecto está siendo revisado con el objeto de redefinir su factibilidad e interés nacional.

La concepción del proyecto ferroviario Sonaguera-Puerto Castilla, consisten en 100 Kms. de vía, fue readecuado por la empresa de manera que respondiera en forma más congruente a la realidad económica de la empresa y del país.

De un monto alrededor de 150 millones de lempiras se redujo a 35 millones de lempiras. Este proyecto complementaría la infraestructura vial del Valle del Aguán y constituiría una vía alternativa de comunicación del Puerto Castilla, con lo cual este puerto dejaría de ser el único en su concepción de no tener el medio más convencional de alimentación como lo es el sistema ferroviario.

Se planteó a la Empresa Nacional Portuaria y Empresa Nacional de Energía Eléctrica a nivel de idea el Canal Seco Interoceánico entre Puerto Castilla y Boca de Henecán, utilizando un ferrocarril electrificado de alta velocidad y máxima capacidad de arrastre.

ASPECTO OPERACIONAL

El movimiento de fletes, pasajeros y otros se refleja en las siguientes cifras:
* Bananos 18,245,714 millones de cajas de bananos.
* Madera 12,255,684 pies tablares.
* Trigo 35,355 toneladas métricas.
* Otros fletes 120,241 toneladas métricas
* Manejo de contenedores vacíos 11,860
* Movimiento de pasajeros 43,707
* Kilometraje recorrido de trenes 991,354
* Liquidación de pólizas de importación y exportación 1,524.

INSTITUTO HONDUREÑO DE SEGURIDAD SOCIAL

El porcentaje de cobertura que actualmente tiene el Instituto Hondureño de Seguridad Social con la incorporación de las nuevas áreas, y en relación con la población nacional y económicamente activa es de 11% y 14.5%, respectivamente.

DESARROLLO DE LOS PROGRAMAS

La dinámica adquirida por la gestión del Instituto Hondureño de Seguridad Social, en el transcurso del año 1986, se ha concretizado en las aplicaciones de diversos instrumentos programáticos que han venido siendo elaborados y analizados a partir de 1982.

PROGRAMAS BÁSICOS

Los servicios médicos están organizados en tres niveles de atención, en el PRIMER NIVEL, le corresponde la Medicina Preventiva y Medicina General; SEGUNDO NIVEL, en donde se ofrecen los servicios de Medicina Ambulatoria Especializada, y, finalmente, el TERCER NVIEL, que es donde se brinda la atención médica hospitalaria. Actualmente está en funcionamiento el primer nivel, y se espera poder poner en marcha los restantes niveles en 1987.

ATENCION DENTAL A NIÑOS

750.000 niños
Aplicación de Fluor

21.000 niños
Tratamiento restaurativo

ATENCION DENTAL A ADULTOS

180.000
Atenciones

El Acuerdo Nacional para fortalecer el Plan de Supervivencia Infantil culminó con una asistencia masiva a las jornadas nacionales de vacunación.

SERVICIOS MÉDICOS HOSPITALARIOS

La producción de la atención médico-hospitalaria en las dos unidades que posee el Seguro Social, a diciembre de 1986 asciende a 30,804 egresos que representan la producción de las camas censables.

SERVICIOS MÉDICOS AMBULATORIOS

La producción de consultas a diciembre de 1986 asciende a 1,163,828, que es la producción dada por las cuatro unidades que están en funcionamiento, es de hacer notar que se espera un incremento sustancial en la producción para 1987, con la puesta en marcha del Hospital Materno Infantil y la Clínica de Villanueva que por razones de equipamiento y problema presupuestario no ha sido posible ponerla en funcionamiento en 1986.

PRESERVACIÓN DEL RIESGO

Las prestaciones pagadas en 1986 correspondieron Lps. 5,341,400 en subsidios; Lps. 326,600 en pensiones de riesgo profesional; Lps. 8,890,000 en pensiones por invalidez, vejez y muerte; Lps. 107,200 en devolución de cotizaciones; Lps. 17,400 en ayuda de funerales; y Lps. 24,600 en otras ayudas.

A diciembre de 1986 se han gastado Lps. 14,707,200 en concepto de pago de prestaciones, lo que significa el 53.6% de ejecución de lo programado.

SEGURIDAD E HIGIENE OCUPACIONAL

Las actividades realizadas a diciembre de 1986, en cuanto se refiere a supervisiones, charlas y seminarios, investigaciones fueron 356, mientras que los accidentes de trabajo fueron 2,526.

ESTUDIOS Y PROYECTOS

Los estudios y proyectos que el instituto tiene para corto plazo son los siguientes:

— El Hospital Materno Infantil, localizado en la ciudad de Comayagüela y la Clínica Villanueva, localizada en la ciudad de Villanueva que atenderá además la medicina de primer nivel de las comunidades de Pimienta, Potrerillos y San Manuel.

— Se está finalizando el estudio de ampliación de cobertura del Régimen de Enfermedad-Maternidad (Servicios Médicos) para la ciudad de La Ceiba, en este sector se incorporan unos 35,856 asegurados a los beneficios de salud, los que demandarán unas 160,612 consultas de médico-odontológicas y requerirán de unos 15 cubículos y 109 camas.

— Se está finalizando el estudio de extensión de cobertura del Régimen de Enfermedad-Maternidad a las ciudades de Juticalpa y Catacamas, Olancho; se incorporan 8,632 asegurados, que demandarán 38,053 consultas y 1,150 egresos que requerirán de 16 camas y de 4 cubículos de consulta externa.

— Se tiene terminado el estudio de extensión de cobertura del Régimen de Enfermedad-Maternidad a la ciudad de El Progreso, se incorporarán 28,573 asegurados que demandarán 119,317 consultas entre población de 18,525 asegurados que generarán 58,996 consultas, y 1,636 egresos para la cual requerirán 25 camas y 6 cubículos de consulta externa.

— Se tiene terminado el estudio de factibilidad de extensión de cobertura para la ciudad de Choloma, incorporándose a una población de 5,330 asegurados que generarán 20,193 atenciones ambulatorias, los egresos hospitalarios serán de 571, para satisfacer la demanda de consultas ambulatorias como egresos se necesitan 7 camas y 3 cubículos de consulta externa.

— El instituto, conjuntamente con el Ministerio de Salud, continúa desarrollando el "Proyecto de Coordinación e Integración de los Servicios de Salud", tomando como área más factible desarrollar la región del Aguán, que comprende el sector: privado, gubernamental y grupos campesinos organizados de los municipios de Olanchito, Sabá, Sonaguera e Isletas, Tocoa y Trujillo, con una población asegurada de 29,636 que generan una demanda de 158,722 consultas y 7,116 egresos hospitalarios que requieren una capacidad instalada de 99 camas y 15 cubículos de consulta externa.

Como proyectos a mediano y largo plazo se están elaborando los estudios de factibilidad de extensión de cobertura para el Régimen de Enfermedad-Maternidad de los siguientes bloques: Danlí y El Paraíso, Comayagua, Siguatepeque, y La Paz, Choluteca y Santa Rosa de Copán.

Para la incorporación de nuevos núcleos de población, sector agrario, trabajadores independientes, estudiantes, deportistas, músicos, etc., es nuestra preocupación y para la preparación de los estudios, hemos solicitado cooperación técnica a la Organización Iberoamericana de Seguridad Social (OISS) y al Gobierno de la república mexicana.

Para que el instituto incursione dentro del campo de los servicios a jubilados y pensionados, servicios sociales relacionados con programas de vivienda, ahorro laboral, recreación y turismo social, guarderías infantiles y otros, hemos solicitado cooperación técnica para la preparación de los estudios correspondientes.

BANCO NACIONAL DE DESARROLLO AGRÍCOLA

Durante 1986, el Banco Nacional de Desarrollo Agrícola (BANADESA) ha efectuado ingentes esfuerzos para alcanzar los objetivos que le corresponde cumplir de conformidad con el Programa de Gobierno; lo estipulado en la ley; y las directrices emanadas de su dirección superior.

ACTIVIDAD CREDITICIA

El Banco Nacional de Desarrollo Agrícola cuenta con una cartera crediticia total que asciende a L. 405.9 millones de los cuales L. 305.4 millones corresponden a fondos propios y L. 100.5 millones a fondos en fideicomiso.

En 1986, BANADESA otorgó a pequeños y medianos productores, 44,200 préstamos con un valor de L. 186.4 millones destinados a la producción agropecuaria, agroindustrial y comercial. La agricultura absorbió L. 106.1 millones de los cuales L. 34.5 millones se destinaron a granos básicos; L. 11.5 millones para algodón; L. 13.1 millones para café; L. 9.5 millones para caña y L. 37.5 millones para otros rubros agrícolas de importancia para la economía del país.

Para ganadería se canalizaron L. 43.2 millones destinados fundamentalmente a ganado vacuno y en menor proporción ganado porcino y otras especies menores.

El financiamiento de los beneficiarios de la reforma agraria y pequeños productores en el marco de la política de desarrollo social por parte del Gobierno de la República, implicó la aprobación de 16,250 préstamos por un monto de L. 48.9 millones canalizados fundamentalmente a través de grupos asociativos para la producción de granos básicos, algodón, caña de azúcar, melón, plátano y otros rubros.

Otros detalles vinculados a la actividad crediticia del banco son:

—   Servicios Fiduciarios

Con fondos en fideicomiso en BANADESA, se otorgaron 25,569 préstamos por un monto de L. 45.7 millones destinados a granos básicos, hortalizas, caña de azúcar, piña, sandía, el fomento de la ganadería, pesca y otros rubros.

—   Impacto del crédito de BANADESA

Se estima que la actividad crediticia de BANADESA se esparció en aproximadamente 104,000 manzanas, permitiendo una producción de 18.5 millones de quintales de artículos agropecuarios destinados para consumo interno y exportación, así como generó empleo por 6.8 millones de días/hombre.

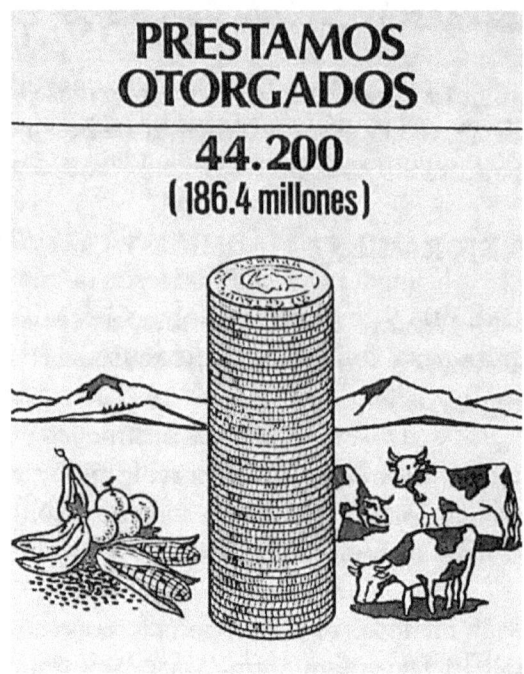

PRESTAMOS OTORGADOS

44.200
(186.4 millones)

Los beneficiarios de la Reforma Agraria y pequeños productores recibieron 16.250 préstamos por un monto de 48.9 millones de lempiras para producción de granos básicos, algodón, caña de azúcar y otros productos de parte de BANADESA en el marco de la política de desarrollo social impulsada por el Gobierno.

CAPACITACIÓN DE DEPÓSITOS Y OTROS SERVICIOS BANCARIOS

La confianza demostrada por el público en la institución se refleja en un incremento de L. 18.6 millones obtenido respecto al año anterior en el saldo de los depósitos, lo que permite a BANADESA contar con una cartera de L. 109.5 millones.

MEJORAMIENTO ADMINISTRATIVO Y FÍSICO

Durante el presente año se realizaron 37 cursos para la capacitación del personal, seminarios y talleres, en los cuales participaron 987 empleados de las diferentes áreas operativas de la institución.

La administración ha tenido muy en cuenta e iniciado la implementación de las recomendaciones surgidas de consultores, fundamentalmente en lo relacionado a administración de cartera.

En 1986 se construyó un moderno edificio para la agencia en El Paraíso; se adquirieron nuevas y modernas instalaciones para la sucursal en La Ceiba; y se efectuaron trabajos de remodelación a las oficinas ubicadas en San Pedro Sula y Tegucigalpa.

PARTICIPACIÓN DE EMPRESAS SUBSIDIARIAS

El compromiso de BANADESA con el desarrollo agropecuario y agroindustrial del país lo obliga a mantener cuantiosas inversiones en empresas filiales como son la Planta de Productos Lácteos Sula, S. A. de C. V. y el Ingenio Azucarero de Cantarranas entre otras, las que además han recibido el apoyo crediticio del banco. La situación general de tales empresas requirió que la administración superior de BANADESA les dedicara especial atención principalmente en aquellos aspectos vinculados con la dirección y administración de las mismas.

PROGRAMAS ESPECIALES

Las realizaciones de la sección de ventas durante 1986 alcanzan los L. 16.0 miles, de los cuales L. 10.4 millones, corresponden a productos donados por el Gobierno de Japón y la Comunidad Económica Europea. En el presente año, el banco continuó administrando además los servicios de distribución, venta y pago de la Lotería Menor de Honduras.

CORPORACIÓN NACIONAL DE INVERSIONES

La Corporación Nacional de Inversiones (CONADI), durante 1986 ha concentrado sus esfuerzos en la aplicación de los mecanismos e instrumentos disponibles para llevar a cabo una acción programada tendente a continuar consolidando las empresas con utilidades y la reactivación de las industrias con problemas operacionales, siempre enmarcados dentro de los parámetros establecidos por el Gobierno de la República, orientados a la reestructuración de la economía hondureña mediante un aumento sostenido del nivel de empleo a fin de propiciar un alivio de estabilidad laboral; asimismo, la sustitución de las importaciones y el incremento de la oferta exportable para contribuir al mejoramiento de la balanza de pagos.

Durante este periodo la corporación tuvo bajo su responsabilidad la administración de la cartera de créditos e inversiones que se elevó aproximadamente a los Lps. 630 MM distribuidos en 56 empresas y proyectos de la agroindustria, madera y derivados, productos químicos, siderometalurgia, turismo y hoteles, construcción, textiles, cuero y ropa, servicios y otros. Por tan importantes inversiones y para satisfacción del pueblo en general, por primera vez el Gobierno de la República se interesó en darle a conocer al pueblo hondureño la real situación de la corporación y sus operaciones nombrando para ello una comisión integrada por los sectores más representativos del país.

El informe final de la comisión fue publicado a través de los distintos medios de comunicación. También se envió el informe a la Procuraduría General de la República para que tomen las acciones que de acuerdo con la ley corresponden.

EJECUCIÓN PRESUPUESTARIA

Para el año de 1986 la corporación tenía estimado percibir ingresos totales de 30.8 MM de Lps. (17.5 corrientes y 13.3 de capital); de los cuales únicamente se han logrado 18.9 MM en efectivo más 3.2 vía remate de dos empresas que hacen un total de 22.1 MM debido a que la capacidad de pago de las empresas está constreñida por la precaria situación financiera con la que apenas logran mantenerse operando, teniendo pocas posibilidades para pagarle a CONADI. La institución procura no utilizar la vía de forzar las recuperaciones para no afectar el capital de trabajo de estas empresas ya que se verían obligadas a recurrir a financiamiento de corto plazo a altas tasas de interés, lo que agravaría más su situación.

También se recibió asistencia financiera del Ministerio de Hacienda por 14.1 MM que esta institución erogó para pagar intereses vencidos sobre deudas de empresas avaladas por CONADI, que sumados a los 22.1 totalizan 36.2 MM de ingresos en efectivo y vía remate que se utilizaron en una proporción de 41% para amortización de capital dentro de los cuales se le amortizó 9.6 MM al Ministerio de Hacienda y 58% de gastos corrientes, en estos últimos el 7.4% fueron para los gastos de funcionamiento y operación interna de la institución; se han gastado 2.5 MM de una programación de 4.3 MM para un ahorro presupuestario de 42% hasta la fecha que representa L. 1.8 MM.

PRIVATIZACIÓN DE EMPRESAS

El 20 de septiembre de 1985 el Soberano Congreso Nacional emitió el Decreto 161/85 reformado posteriormente y cuya reglamentación ha sido elaborada; constituyéndose en un nuevo marco legal operativo con el objetivo de cumplir el espíritu de la ley original de CONADI de promover la inversión y el desarrollo industrial mediante el traspaso de esta actividad a la iniciativa privada. Aun cuando la implementación del proceso reglamentado en este decreto está en inicios de ejecución. La CONADI en este año ha orientado todas sus decisiones y operaciones enmarcadas dentro de las normas de esta nueva ley; para ejemplificar se pueden mencionar las empresas que se han saneado financieramente; dos agroindustrias y una de la industria maderera donde se tenía un financiamiento total de 93 MM de Lps.; y en proceso de sanear una empresa azucarera con crédito e inversión actual de 104 MM de Lps. Con estas medidas se adquiere el dominio o recuperación de la compañía como paso previo al traspaso mediante el mecanismo ya establecido. También se han efectuado readecuaciones de deudas para aliviar la presión financiera con las empresas con capacidad de pago.

Un paso positivo y de beneficio para el país fue la suscripción de un convenio con AID mediante el cual el Estado recibirá la ayuda económica y técnica para implementar el proceso de privatización. Se ha aprobado por la JD el Estudio Técnico Económico y Plan de Traspaso de las empresas de la corporación que contiene el Plan Trienal de Traspaso, considerando privatizar un número de veinte empresas en el periodo 1986/1988 y hacia esa meta están orientados los esfuerzos administrativos, técnicos y legales de la corporación.

BANCO MUNICIPAL AUTÓNOMO

El Banco Municipal Autónomo, institución financiera de desarrollo, creada con el fin de proporcionar a las municipalidades del país medios económicos, financieros y de asistencia técnica, que las auxilien en sus actividades de fomento y contribuyan al desarrollo económico y social de los municipios, en cumplimiento de tales fines y objetivos ha desarrollado una extensa y fructífera labor, la cual es resumida a continuación:

PROYECTO PILOTO DE DESARROLLO MUNICIPAL

Este proyecto es financiado con recursos provenientes del préstamo No. 2583-HO suscrito con el Banco Internacional de Reconstrucción y Fomento (BIRF) por un monto de L. 17 millones. El objetivo del mismo es el fortalecimiento institucional de las municipalidades y mejoramiento de la infraestructura física de los municipios grandes (cuya población es superior a 50,000 habitantes) y a su vez el fortalecimiento institucional del BANMA y la Secretaría Técnica del Consejo Superior de Planificación Económica (ST/CONSUPLANE).

Bajo este programa serán financiados proyectos de asistencia técnica, pre-inversión e inversión física, destinados a los diez (10) principales municipios del país, habiéndose comprometido en este periodo un total de 1 millón.

PROGRAMA DE GENERACIÓN DE EMPLEO

Fue aprobado por la Oficina de Coordinación del Programa de Generación de Empleo, un financiamiento no reembolsable por un monto total de L. 5.7 millones para ejecutar los proyectos de agua potable de Lejamaní y La Libertad en Comayagua, Puerto Lempira y Brus Laguna en Gracias a Dios, Ocotepeque en Ocotepeque, Trinidad, Santa Bárbara y el alcantarillado sanitario de Gracias, Lempira; de los cuales 6 de ellos ya se iniciaron y se prevé estén concluidos en el segundo semestre de 1987.

Se ha solicitado financiamiento no reembolsable por un monto de 0.9 millones para la ejecución del proyecto de agua potable de Morazán, Yoro, la cual, una vez aprobada por la Oficina de Coordinación del Programa, se tiene programado su ejecución a partir de 1987.

PROGRAMA DE OBRAS MÚLTIPLES

Con el apoyo de la Dirección General de Urbanismo dependiente de la Secretaría de Comunicaciones, Obras Públicas y Transporte (SECOPT), se formuló una solicitud de financiamiento por un monto de L. 45.9 millones para ser presentada al Banco Interamericano de

Desarrollo (BID), cuyo objetivo principal es mejorar las condiciones de vida de 83 municipios de bajos ingresos con una población entre 10,000 y 50,000 habitantes.

El programa tiene contemplado proyectos de acueductos, disposición de aguas servidas, vías, energía eléctrica, mercados, rastros, tren de aseo, terminales de transporte y centros de uso múltiples.

La Secretaría Técnica de CONSUPLANE calificó dicho programa de alta prioridad; la solicitud oficial de financiamiento será presentada ante el "BID" a inicios del próximo año.

La ejecución del programa se tiene planeada para el segundo semestre de 1987, previéndose una inversión de 2.5 millones y el resto en los próximos tres años.

PROYECTOS FINANCIADOS CON FONDOS PROPIOS

Durante este periodo se ejecutaron los proyectos de ampliación del acueducto y terminación del Palacio Municipal de El Paraíso, Departamento de El Paraíso, ampliación de los acueductos de La Cimbra, Miravalles y Los Lirios en Valle de Ángeles, Departamento de Francisco Morazán, II etapa de pavimentación de calles y avenidas de la ciudad de Comayagua, con una inversión de 1.0 millones.

FORTALECIMIENTO INSTITUCIONAL DEL BANMA

Con el objeto de mejorar los sistemas operativos del BANMA para brindar un servicio más eficiente a las municipalidades del país, se contrató firmas consultoras para proporcionar asesorías en las áreas de organización, administración financiera municipal y administración de las finanzas del banco y planificación de servicios urbanos municipales.

Todas las consultorías son financiadas con recursos provenientes del Convenio de Préstamo BIRF-HO.

CAPACITACIÓN MUNICIPAL

El BANMA ha brindado, durante el periodo, asistencia técnica a las municipalidades mediante la realización de 7 seminarios taller, con una participación de 207 funcionarios y empleados municipales, con una inversión de L. 63,000.00 aproximadamente.

CONVENIOS INTERINSTITUCIONALES

Mediante convenios de asistencia interinstitucional con el Servicio Autónomo Nacional de Acueductos y Alcantarillados (SANAA), con la Empresa Nacional de Energía Eléctrica (ENEE), la Secretaría de Comunicaciones, Obras Públicas y Transporte a través de la Dirección General de Urbanismo, el BANMA ha ejecutado obras de saneamiento, electrificación e identificación y formulación de proyectos respectivamente.

GENERACIÓN DE ESTUDIO Y DISEÑO DE PROYECTOS

El Banco Municipal Autónomo ha gestionado recursos financieros no reembolsables ante el Fondo Hondureño de Preinversión para la ejecución de estudios y diseños finales de proyectos de saneamiento para 9 municipalidades por un monto de Lps. 611,386.00.

EVOLUCIÓN DEL BANMA

Los préstamos, descuentos e inversiones del BANMA ha mantenido un crecimiento sostenido, alcanzando a la fecha un incremento de 5.1% con respecto al 31 de diciembre de 1985; al 31 de diciembre de 1986 y 1987 se espera un incremento de 6.6% y 18.1% respectivamente.

Con relación a los activos, estos presentan un comportamiento ascendente y al 31 de noviembre de 1986 su incremento fue 7.5% con respecto al 31 de diciembre de 1985; al 31 de diciembre de 1985 se mantiene y se incrementa en 8.8% para diciembre de 1987.

El capital del BANMA al 31 de diciembre de 1986 sufrirá un descenso del 2.46% respecto al 31 de diciembre de 1985, debido a refinanciamientos otorgados a algunas municipalidades; sin embargo, se espera un incremento del 18.1% al implementar los proyectos del Banco Mundial (BIRF) y del Banco Interamericano de Desarrollo (BID).

PERSPECTIVAS DEL BANMA

La administración superior del BANMA ha aprobado el funcionamiento de dos agencias en los municipios de Puerto Cortés, Cortés y La Ceiba, Atlántida, así como la apertura de ventanillas en las municipalidades de San Pedro Sula, Cortés y del Distrito Central, Francisco Morazán.

El BANMA ha continuado gestionando recursos con otras agencias financieras internacionales para complementar la asistencia financiera obtenido del BIRF y AID.

CORPORACIÓN HONDUREÑA DE DESARROLLO FORESTAL

La Corporación Hondureña de Desarrollo Forestal (COHDEFOR), concentró sus esfuerzos en ejecutar la política del Gobierno de la República, orientada a producir y comercializar la madera, a proteger y conservar los bosques, proyectar el sistema social forestal, formar recursos humanos y reforestar las tierras forestables.

POLÍTICA FORESTAL

La implementación de las nuevas políticas en las áreas operativas de la corporación produjo, en 1986, los siguientes resultados concretos:

MANEJO FORESTAL

— Ejecución de actividades de prevención y control de incendios sobre un área de 1.8 millones de hectáreas de pinar, donde se combatieron 2,795 incendios forestales y se realizaron quemas controladas sobre 16,536 hectáreas, promoviendo la regeneración natural sobre 572,000 hectáreas mediante protección intensiva.

— Producción de 4,236,621 plantas que se utilizaron en la reforestación de 2,189 hectáreas con énfasis en las cuencas tributarias al embalse El Cajón.

— Producción de 750,000 m³ de madera en rollo para diversos usos industriales, que han generado ingresos por Lps. 9,000,000.00; aplicación de raleos en 1,772 hectáreas.

— Beneficios a 8,584 familias campesinas con la distribución de 720 toneladas métricas de alimentos del Programa Mundial de Alimentos (PMA) e ingresos directos por su participación en actividades varias de manejo forestal.

(Foto 1)
Durante 1986 se produjeron 4.2 millones de plantas con las cuales se reforestó un área de 2,189 has. La fotografía muestra la actividad de plantación en las inmediaciones del Lago de El Cajón.

(Foto 2)
COHDEFOR exportó 88 millones de pies tablares de madera de pino a mercados tales como: Islas del Caribe, Europa, Japón y Latinoamérica.

PRODUCCIÓN MADERERA

— Se realizó promoción y apoyo técnico a la industria maderera nacional, obteniendo una producción de 167 millones de pies tablares, de los cuales el 99% es madera de pino.

— Con fines de exportación se supervisó la compra, clasificación y manejo de 71.2 millones de pies tablares en los patios de zona norte y sur.

— Se percibieron ingresos por Lps. 170,359.00 por concepto de servicios técnicos y venta de materiales

COMERCIALIZACIÓN

La apertura para una mayor participación del sector privado en el manejo de la madera y su comercialización, a través de las nueve políticas permitió la exportación de 88 millones de pies tablares de calidades que formaban el inventario de poco movimiento en los patios de acopio.

La cancelación de los agentes de ventas en mercados internacionales, ahorra el pago acostumbrado de las respectivas comisiones, que solo para el año 86 representan Lps. 900,000.00.

— Se logró reactivar los mercados de República Dominicana, Puerto Rico, Colombia, Costa Rica, Jamaica, Panamá, Nevis y Curazao, y se realizaron ventas con 18 nuevos clientes internacionales.

— En términos totales se exportaron 90,655,131 pies tablares que produjeron un ingreso de Lps. 61,200,000.00 comparado a una producción de 85,719,582 en 1985. Asimismo, se exportó semillas certificadas de pino al mercado internacional con valor de Lps. 681,716.22.

PRIVATIZACIÓN DE EMPRESAS

En 1986 la administración ejecutó disposiciones adoptadas por el Consejo Directivo en 1982 y ratificadas por sus órganos directivos en el presente año para la privatización de las empresas forestales de la corporación.

— Se negoció la Empresa Forestal Industrial de Agua Fría, S. A. (FIAFSA) por un monto de Lps. 5.5 millones.

— Se valorizaron activos de las empresas: Maderera Locomapa, S. A., Servicios Madereros, S. A. (SEMSA), Central de Aserríos Siguatepeque, S. A. (CASISA) como paso previo a su negociación.

— Se preparó el reglamento al Decreto 161-85 para la privatización de las empresas de la corporación (actualmente en trámite de aprobación).

— Está en trámite el convenio con el Banco Interamericano de Desarrollo (BID) para la aplicación de recursos por Lps. 887,486.00 donados por el Gobierno de Canadá para realizar estudio de CORFINO en base al cual proseguirá la negociación de dicha empresa.

ASPECTOS FINANCIEROS

Se proyecta que al 31/12/86 el presupuesto de ingresos y egresos se habrá ejecutado en Lps. 76 millones, equivalente al 73% del presupuesto autorizado. Se ha logrado mantener un presupuesto equilibrado de ingresos y egresos, ajustando el gasto en función del comportamiento de las exportaciones que es el rubro principal de ingresos.

— Se ha reducido la deuda con el sistema bancario en Lps. 2.4 millones, de los cuales se ha percibido apoyo financiero externo no reembolsable por Lps. 815,000.00.
— Se ha recuperado Lps. 866.1 miles por préstamos e intereses sobre la cartera crediticia.
— Subasta de bienes recibidos de acciones judiciales y equipos caídos en desuso por un monto de Lps. 720,000.00.

INSTITUTO HONDUREÑO DEL CAFÉ

El Instituto Hondureño del Café (IHCAFE), realizó durante 1986 los objetivos establecidos de conformidad con la política económica nacional y el mercado internacional, hacia el cual están orientadas nuestras exportaciones.

Durante el presente año cafetalero se ha logrado exportar un total de 1,931,944.00 sacos de 46 kilogramos, que a su vez le han generado al país un ingreso por concepto de divisas por la cantidad de Lps. 710,220,013.00, con un precio promedio de venta de Lps. 367.62. Estados Unidos, Japón y Alemania Occidental se constituyeron durante este periodo, como los principales mercados para el café hondureño, ya que, del total exportado a la fecha, el 74% de nuestro grano es dirigido hacia los mismos.

El Fisco Nacional ha percibido por concepto de exportación de café durante la cosecha 1985/1986 un total de Lps. 115,692,192.71.

Durante este periodo de análisis se han atendido un total de 28,396 caficultores, de los cuales 9,547 se han atendido en forma directa y 18,849 en forma indirecta, lo cual constituye un porcentaje de ejecución del 116% de la totalidad programada para el año de 1986. Las metas previstas esperan alcanzarse, tomando en cuenta las épocas de siembra y cosecha que son las que permiten incrementar la atención a esta actividad. Asimismo, en forma global se han atendido 54,028 hectáreas con café, de las cuales el 77% es área en producción y el restante 23% es área en plantío.

El IHCAFE presta especial importancia a las labores de capacitación que son realizadas a través de las diferentes oficinas regionales que se encuentran diseminadas en todo el país. En total se han logrado efectuar 199 cursos, 1,367 charlas, 1,647 demostraciones, así como 177 giras educativas a nivel nacional; con la participación de 2,566 productores a dichas giras. Un factor importante de apoyo a la capacitación lo constituye el Centro de Capacitación e Investigación "Dr. Jesús Aguilar Paz", ubicado en La Fe, Santa Bárbara, que es propiedad del instituto, y donde se han realizado durante el periodo enero-diciembre de 1986 una serie de cursos, logrando un total de 782 participantes a los diferentes cursos.

Como parte importante de esta capacitación, se encuentran las labores realizadas por el Programa Roya-Broca, con el fin primordial del combate de las plagas y enfermedades que tanto afecta a este grano. Se ha alcanzado a la fecha dictar un total de 522 charlas técnicas, 198 demostraciones, 11 cursos y cursillos y un total de 43 giras educativas; asimismo, se han distribuido insumos en las diferentes regiones cafetaleras.

Dentro de la estructura de la institución se encuentra el programa "Mejoramiento para el Pequeño Caficultor", ejecutado por el IHCAFE, según Préstamo 522-T-044 USAID y el Gobierno de Honduras.

Al 30 de diciembre el proyecto ha beneficiado a un total de 7,233 cafetaleros, con un total de área financiada de 8,276.5 manzanas; además, dentro del proyecto se realizan actividades importantes, tales como el financiamiento a la fecha de 23.5 millones de plantas y una distribución de 21.8 millones de las mismas.

Durante el año de 1986 se atendió en una forma directa un total de 434,4 kilómetros de carretera, distribuidos en 56 proyectos, los cuales se encuentran localizados en diferentes departamentos del país.

La amortización de la deuda tanto externa como interna durante 1986, fue de L. 6,870.9 miles, el cual representa el 102.6% en relación con el pago total de 1985, que fue de L. 6,698.3 miles, o sea que durante el presente año se amortizó un 2.6% más que el año anterior, en vista de lo cual la deuda total se ha disminuido en un 16.9%.

Una disminución significativa es la de la deuda interna, la cual de L. 12,591.2 miles que era el saldo al 31 de diciembre de 1985, ha pasado a L. 6,520.3 miles al 31 de diciembre de 1986, representando una disminución del 48.2%.

INSTITUTO HONDUREÑO DE MERCADEO AGRÍCOLA

En el año 1986, el Instituto Hondureño de Mercadeo Agrícola (IHMA) desarrolló sus actividades cumpliendo con las metas del Gobierno de la República en un marco de

A través de los silos se garantiza precios justos al productor y consumidor de alimentos para el pueblo.

El Gobierno finalizó la ejecución del proyecto Silos Rurales. Capacidad total de almacenamiento: 409,000 quintales, 110 bodegas de almacenamiento: 343,000 quintales de capacidad. (Foto planta de silos de Choluteca).

COMERCIALIZACIÓN

El programa de compraventa para 1986 mostró el siguiente movimiento:

	COMPRAS		VENTAS	
PRODUCTO	**QUINTALES**	**LEMPIRAS**	**QUINTALES**	**LEMPIRAS**
Maíz	294,806.0	4,598,422.80	650,420.9	12,768,231.30
Frijol	52,810.0	2,248,536.20	80,987.9	3,440,222.00
Arroz	49.018.0	1,792,658.00	52,125.7	2,773,466.00
Sorgo	5,321.1	75,542.30	11,385.5	200,144.50
Subtotal	401,955.1	7,715,159.30	794,920.0	19,182,063.80
Subproducto (Maíz-Arroz)	-0-	-0-	21,814.1	297,069.90
TOTAL	401,955.1	8,715,159.30	816,734.1	19,479,133.70

El Programa de Compras se ejecutó en un 46% debido a que la producción registrada en el periodo en mención se redujo en relación con el año anterior.

A raíz de la situación antes mencionada y a efecto de garantizar el índice de precios y el suministro oportuno y apropiado de maíz, se importaron 220,000 quintales de maíz blanco procedente de los Estados Unidos de América, los cuales fueron distribuidos de manera directa y a través de Banasupro, Alcaldías, Patronatos, Mercados Locales, etc.

Amparados en el Convenio Bilateral de Comercio con la República de El Salvador, se llevó a cabo el intercambio de granos básicos en condiciones favorables para nuestro país, mismo que permitió intercambiar 54,000 quintales de frijol rojo de cosechas anteriores por 41,500 quintales de maíz blanco y 49,000 quintales de arroz oro.

Esta transacción representó una utilidad de L. 894,000.00 para la institución, un ahorro considerable en la utilización de divisas al país, así como un mejoramiento en la balanza comercial entre Honduras y El Salvador.

En lo que respecta al Programa de Ventas se realizó el 100% de los inventarios, muchos de los cuales correspondían a granos captados en cosechas anteriores. Esto ha permitido captar los recursos necesarios para afrontar el periodo de compras del ciclo 1986-1987, así como las obligaciones financieras contraídas anteriormente.

El operativo realizado para abastecer adecuadamente de granos básicos a la población de la zona sur del país, durante la crisis registrada en los meses de junio a octubre del periodo pasado, se llevó a cabo a través de mecanismos que permitieron beneficiar directamente a la población afectada, distribuyendo un total de 61,447 quintales de granos básicos equivalentes a L. 1,594,362.00, de los cuales L. 564,378.00 fueron donados por la Presidencia de la República.

Mediante gestiones realizadas por la administración superior ante gobiernos amigos, se logró obtener del Gobierno de España una donación de trigo equivalente a L. 690,000.00 mismos que fueron destinados al reforzamiento del Programa de Compras a pequeños y medianos productores.

El instituto como ente especializado en la comercialización de productos agrícolas, realizó los trámites necesarios para concretar la importación de 105,000 T. M. de trigo y 5,600 T. M. de cebo industrial a través del Programa de la Ley Pública 480 del Gobierno de los Estados Unidos de América, productos estos que fueron vendidos al sector privado, generando ingresos al Gobierno Central por un valor aproximado de L. 24 millones.

PROYECTOS

Dentro de este componente se incluye las inversiones finalizadas y en proceso de ejecución durante 1986.

Finalización del Proyecto Silos Rurales de Honduras, consistente en la construcción y equipamiento de cuatro plantas de silos, ubicadas en La Entrada-Copán, Juticalpa-Olancho, Danlí-El Paraíso y Choluteca-Choluteca, con una capacidad total de almacenamiento de 409,000 quintales a un costo de L. 27 millones.

Finalización del Proyecto Centros Rurales de Almacenamiento, el cual comprende la construcción de 110 bodegas con su respectiva maquinaria y equipo y una capacidad total de almacenamiento de 343,000 quintales a un costo de L. 16.3 millones.

Inicio de la construcción de las oficinas principales del instituto en el plantel adyacente a la Planta Terminal Kennedy, con un costo aproximado de L. 375,000.00.

La estabilización de precios, la reducción de pérdidas post cosecha, reducción del índice de inflación y finalmente un mejoramiento de la situación financiera del IHMA y del país en general.

DIRECCIÓN, ADMINISTRACIÓN Y OPERACIONES

Se efectuaron cambios de política en materia administrativa, financiera y comercial, las cuales han dado como resultado lo siguiente:

Reducción durante 1986 de los gastos administrativos y operacionales en L. 2 millones, en relación a los de 1985, que equivale a una disminución del 35%.

Mejoramiento substancial de los resultados operacionales del ejercicio 1986 en relación a 1985 y años anteriores, al disminuirse las pérdidas de L. 9.8 millones en 1985 a L. 2.4 millones durante 1986 que equivale a una reducción del 75%.

Disminución de la deuda total de L. 32.5 millones en febrero de 1986 a L. 20.9 millones en diciembre de ese mismo año, que representa un 36% de disminución, como consecuencia de lo anterior hubo una reducción en los gastos financieros (intereses) de L. 104.0 miles.

Aumento en el renglón de Otros Ingresos por un valor de L. 1.2 millones provenientes de la prestación de servicios.

JUNTA NACIONAL DE BIENESTAR SOCIAL

En las labores de la Junta Nacional de Bienestar Social (JNBS) en el año 1986 se les dio impulso a todos y cada uno de los programas previamente contemplados dentro del Plan Operativo Anual 1986.

OBRAS REALIZADAS

A nivel institucional se llevaron a cabo las siguientes acciones:

Se mejoraron los servicios ya existentes mediante la dotación de equipo y materiales necesarios en el funcionamiento de los centros, mantenimiento y reestructuración de edificios a nivel nacional.

Se adquirieron vehículos para mejorar la supervisión y apoyo logístico a los servicios de alimentación y nutrición.

Se celebraron nuevos convenios con los organismos internacionales CARE y el Programa Mundial de Alimentos (PMA), para coadyuvar a la realización de acciones que la institución tiene en su plan operativo consistente en:

Con CARE que apoya con 5 alimentos al programa nutricional a nivel nacional (Cedines, Centros Comunitarios Nutricional y Lactarios) se firmó un convenio de integración de servicios.

Con el Programa Mundial de Alimentos, se firmó la nueva carta de intención del Proyecto PMA 718-11, para apoyar las acciones de promoción social, en proyectos sostenidos con alimentos por trabajo, desarrollo integral y capacitación.

A raíz de la emergencia suscitada en la zona sur, se solicitó ampliar la cobertura en esta zona beneficiando a 2,000 familias en los Departamentos de Choluteca y Valle, durante 60 días.

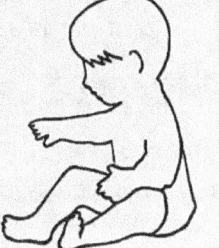

ATENCION DEL NIÑO

ESTIMULACION TEMPRANA 4,320 NIÑOS

ALIMENTACION Y NUTRICION 34,000 NIÑOS

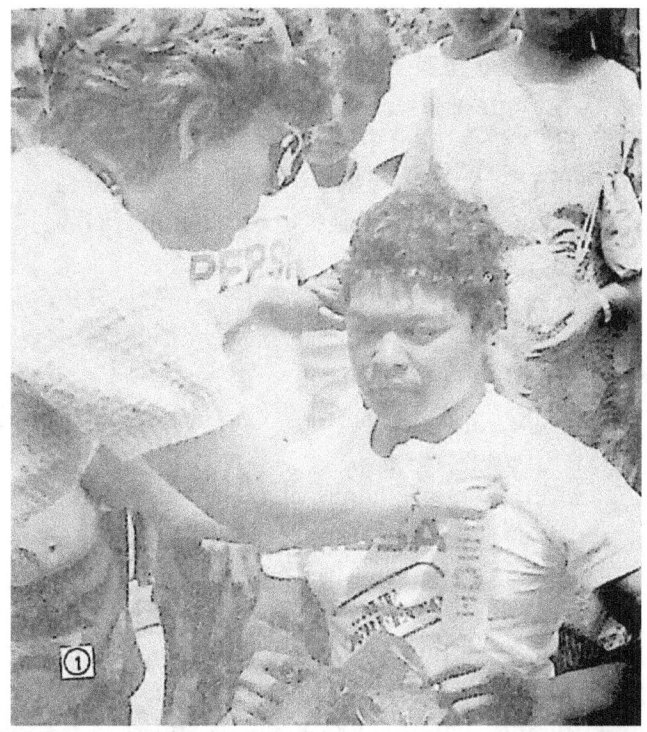

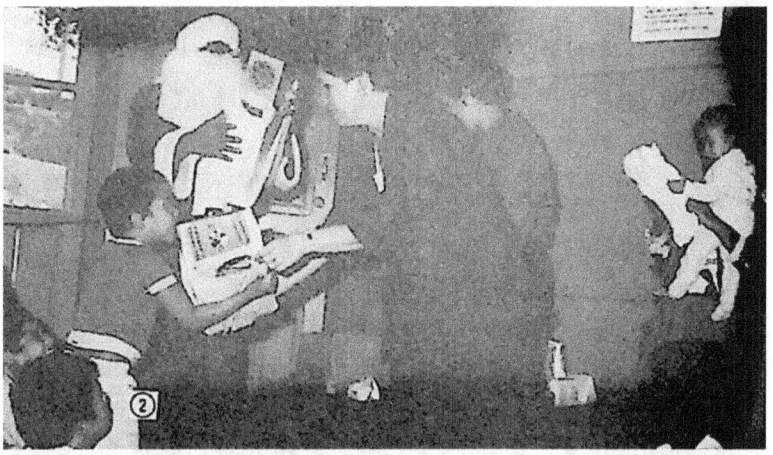

(Foto 1)
Olimpiadas Especiales.

(Foto 2)
Entrega de juguetes a niños asistidos por la J.N.B.S.

(Foto 3)
La primera dama de la nación, Sra. Miriam Bocock de Azcona visita un hogar temporal de Tegucigalpa.

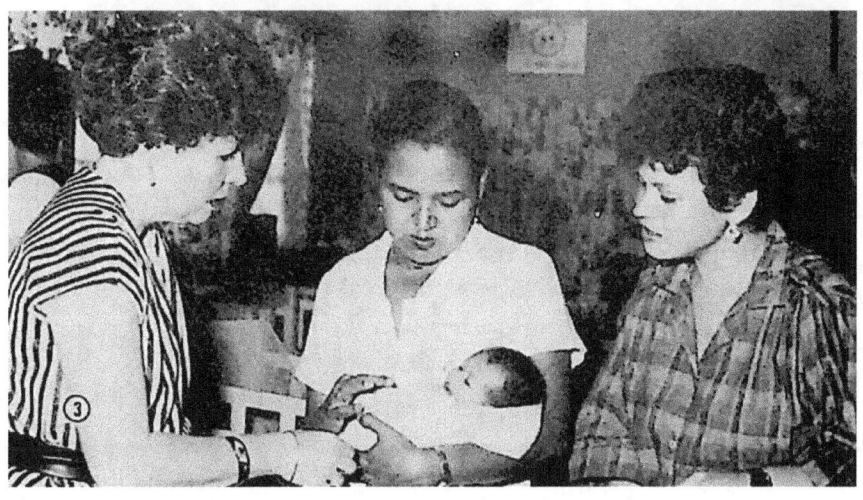

Se firmaron los nuevos convenios con el Cuerpo de Paz, Misión Técnica Japonesa, los cuales proporcionaron su personal con diferentes especialidades.

Con entidades nacionales se coordinó con la Universidad Nacional Autónoma de Honduras, Escuela Superior del Profesorado para que dentro de sus planes se programara la inclusión del Servicio Social de sus estudiantes en las áreas sociales, psicológicas, etc., para así contar dentro de los centros especiales con profesionales de estas áreas, que apoyan a los profesionales de planta para mejorar los niveles de atención.

En la celebración del Día del Niño, beneficiando a 30,000 menores a nivel nacional.

En el Día de la Madre, proporcionando 3,000 canastas familiares a las madres de las zonas urbano-marginales y rurales.

Se llevó a cabo la gran cena subasta con el objeto de recaudar fondos que permitieran repartir 38,000 juguetes.

Se implementó como nuevo servicio el Programa de Salud Bucal que mediante convenio se contó con el apoyo y colaboración del Ministerio de Salud Pública, Ministerio de Educación Pública y HOPE de Honduras. El objetivo central de este servicio es proporcionar atención preventiva en Salud Bucal en áreas urbanas y rurales con prioridad a menores en edad escolar, lográndose implementar un subprograma escolar; un subprograma de servicios móviles para atender el área rural, módulos de alta productividad, que proporcionan educación preventiva y tratamiento dental a todos los asistidos de la institución. En su conjunto se atendieron 16,250 pacientes (escolares y adultos) y la capacitación de 20 auxiliares dentales.

PREVENCIÓN SOCIAL

En este periodo se dio impulso a la atención del niño a nivel nacional en las áreas siguientes:

En Estimulación Temprana se atendió 4,320 menores en edades de 0-6 años, dándole prioridad a los 0-4 años.

Se contribuyó a mejorar el estado nutricional de la población infantil en servicios de alimentación y nutrición (en Centros de Desarrollo Infantil, Centros Nutricionales Comunitarios y Lactarios). En los 18 departamentos de la república, atendiendo a 34,000 menores de 0-6 años.

Se contribuyó mediante promoción social, al desarrollo, organización y movilización de 400 comunidades para que utilicen sus recursos humanos, técnicos y económicos a fin de dar solución a sus problemas comunes y mejorar su nivel de vida.

Se fomentó y se capacitó al voluntariado que participa en los servicios de la institución (Alimentación y Nutrición y Desarrollo Integral).

En los Centros Especiales de Prevención Social, Humuya, Nuevos Horizontes, Cedin, San Isidro y Los Dolores, se atendieron 1,012 menores diariamente, proporcionándoles alojamiento, vestuario, atención médica, odontología, psicológica, social, docente y de orientación.

Se atendieron diariamente en servicios de adultos y recreativos a 800 personas.

Mediante el Programa de Adopción se realizaron 140 investigaciones sociales para seguir el trámite que la ley establece de acuerdo al Código de Familia y se estableció un nuevo sistema para darles seguimiento a las adopciones.

REHABILITACIÓN SOCIAL

Este subprograma hace viable la responsabilidad que le confiere la ley de jurisdicción de menores que es dirigir técnica y administrativamente los centros auxiliares de los Juzgados de Letras de Menores de toda la república, de hacer efectivo el Decreto 130 referente al funcionamiento del centro de Defensa Social, así como el cumplir el Mandato Constitucional de impartir enseñanza especial a sectores minusválidos.

INSTITUTO NACIONAL DE JUBILACIONES Y PENSIONES

El INJUPEMP en el cumplimiento de su función básica como institución de Seguridad Social, ha otorgado durante 1986 los siguientes beneficios:

50 beneficios en Jubilación Voluntaria por	257,919.00	lempiras;
19 beneficios en Jubilación Obligatoria por	44,797.00	lempiras;
22 beneficios en Pensión por Invalidez por	92,693.00	lempiras;
49 beneficios en Muerte en Servicio Activo por	836,416.00	lempiras;
29 beneficios en Transferencia de Beneficio por	82,265.00	lempiras;
Que ascendieron a	1,314,090.00	lempiras.

A partir del mes de enero de 1986 por Decreto Legislativo 11-85-86-E, el mínimo de jubilación y pensión fue elevado de Lps. 150.00 a Lps. 250.00.

En cumplimiento del Artículo No. 72-C de la Ley del INJUPEMP a partir del 1o. de agosto de 1986 fueron revalorizados los beneficios otorgados, incrementándose la planilla anual de jubilados y pensionados en L. 154,300.00.

Con la incorporación de los beneficios otorgados durante 1986 la población cubierta por el sistema llega a 1,558 jubilados y pensionados, lo que significa a la fecha una erogación de L. 21,637,200.00.

DE LAS INVERSIONES

El movimiento de inversiones ha sido en 1986 en el Sector Público de L. 16,488,700.00 con un total de inversión acumulada de Lps. 112,968,380.00; y en el Sector Privado de Lps. 18,650,000.00 con un total de inversión acumulada de Lps. 86,367,500.00.

Entre el Sector Público y el Sector Privado, las inversiones fueron de L. 35,138,700.00 acumulando un total de inversión de Lps. 199,335,880.00.

INVERSIONES EN PROYECTOS HABITACIONALES

Durante 1986, INJUPEMP ejecutó la cantidad de L. 22,574,399.00 en proyectos habitacionales ubicados en Tegucigalpa, San Pedro Sula, El Progreso, Choluteca y Comayagua, lo que significa 883 viviendas más al servicio de los empleados públicos.

Además, se licitaron cinco proyectos más (cuatro para Tegucigalpa, uno para La Ceiba) con un costo de L. 14,255,179.00 y una cobertura de 638 viviendas.

DE LOS PRESTAMOS

INJUPEMP en su programa crediticio durante 1986 tuvo los siguientes logros: 13,146 préstamos personales por un monto de Lps. 29,218,755.00 y 372 préstamos hipotecarios por un monto de Lps. 12,119,972.00, con un monto total de Lps. 41,338,722.00.

EXPANSIÓN DE LOS SERVICIOS

En agosto de 1986 se abrió la Oficina Regional Noroccidental INJUPEMP en la ciudad de San Pedro Sula, para brindar servicios a más de 7,000 participantes de la zona noroccidental del país.

A través de la regional se agilizan los trámites en cuanto a solicitudes de préstamos personales e hipotecarios y pago de los mismos, trámite para solicitud de jubilaciones, pensiones por invalidez, beneficios por muerte en servicio activo y retiro del sistema, recepción de designación de beneficiarios legales, etc., además de la promoción y seguimiento de los proyectos habitacionales ubicados en esa zona.

ACTIVIDADES DE PROYECCIÓN SOCIAL:

INJUPEMP patrocinó y coordinó veintiocho instituciones estatales y privadas para la celebración de la SEMANA NACIONAL DE LA TERCERA EDAD.

INSTITUTO NACIONAL
DE PREVENCIÓN DEL MAGISTERIO

El Instituto de Previsión del Magisterio orientó sus actividades, durante 1986, a ampliar la cobertura del sistema.

BENEFICIOS OTORGADOS

En cumplimiento al Plan Operativo Anual de 1986 se han otorgado los beneficios siguientes:

154 jubilaciones voluntarias; 43 jubilaciones obligatorias; 42 pensiones por invalidez; 46 continuaciones de jubilación; 32 seguros de vida y separaciones del sistema; 6 continuación de pensión por invalidez; 1 complemento de continuación de jubilación; 7 reconsideraciones de pensiones por invalidez; 1 reconsideración de jubilación; 1 suspensión de jubilación voluntaria; 1 habitación de jubilación voluntaria; y 128 separaciones del sistema, que hacen un total de 462 beneficios otorgados.

PRÉSTAMOS PERSONALES

Para el año de 1986 se asignó al Departamento de Préstamos Personales la suma de L. 27,000,000.00, sin embargo, debido a la demanda, se transfirieron L. 4,000,000.00 más para ser un total de L. 31,000,000.00 con los que se favoreció a 8,148 docentes.

PRÉSTAMOS PARA LA VIVIENDA

A este renglón se asignaron L. 19,000,000.00 habiéndose otorgado al mes de noviembre L. 13,551,615.51 que favorecieron a 457 docentes, detallados en la forma siguiente:

En Adquisición L. 8,192,602.98; en Construcción L. 3,630,133.23; en Liberación de Gravámenes L. 940,301.11 y en Mejoramiento L. 788,578.19.

PROYECTOS HABITACIONALES

En Tegucigalpa, D. C., se desarrolla el Proyecto Habitacional "Profesor Rubén Antúnez C." donde se construirán 711 viviendas. En San Pedro Sula, Cortés se desarrolla el Proyecto Habitacional "Profesor Juan Ramón Molina" donde se construirán 400 viviendas. Ambos proyectos se encuentran a nivel de diseño y a partir del 2do. Trimestre de 1987 se iniciarán las construcciones de las mismas.

En la ciudad Puerto de La Ceiba se está desarrollando la segunda etapa del Proyecto Habitacional "Colonia 17 de Septiembre".

PATRIMONIO

El instituto se financia por las aportaciones patronales del Estado, establecimientos privados de educación (cotizaciones docentes) y el producto de las inversiones. Por este concepto se percibieron L. 52,464,846.16.

INSTITUTO NACIONAL
DE FORMACIÓN PROFESIONAL

El Instituto Nacional de Formación Profesional (INFOP), de conformidad con los objetivos institucionales y en el marco de acción institucional, durante el presente año con el concurso de todas las dependencias, se logró el cumplimiento de las siguientes acciones:

DIRECCIÓN SUPERIOR Y ASESORÍA

— Se ha logrado el mejoramiento y fortalecimiento de las relaciones de INFOP con las organizaciones de empleadores y trabajadores, mediante visitas directas, participación en seminarios, eventos educativos y suscripción de convenios nacionales.

— Se ha dado cumplimiento a compromisos contraídos a través de convenios de cooperación financiera con el Gobierno de la República Federal de Alemania, referente a la ampliación y mejoramiento de las instalaciones físicas de los talleres para el montaje de nueva maquinaria y equipo.

— Se elaboró el documento Políticas Institucionales sobre Formación Profesional.

— Se presentó al Honorable Consejo Directivo un documento sobre propuesta de lineamientos de políticas educacionales, orientado hacia la definición de un nuevo modelo educacional en Honduras.

ÁREA DE OPERACIONES

— Al 30 de noviembre de 1986 se desarrollaron 1,770 cursos para un total de 24,356 participantes, mediante la inversión de 174,686 horas instrucción.

— Se han ampliado las actividades del Proyecto de la Pequeña Empresa Rural, en el municipio de Sabanagrande para atender a 10 comunidades y asistir a 250 familias del campo, en técnicas de desarrollo integral.

— Se han ampliado las actividades del Programa Aprendizaje por Acción, en la zona noroccidental y en la región central, para atender con mayor efectividad a los productores independientes del sector agrícola.

(Foto 1)
Al 30 de noviembre el INFOP había impartido 1,770 cursos para un total de 24,356 participantes.

(Foto 2)
La acción formativa del INFOP también ha llegado al campo: mujeres campesinas de Catacamas participan en un proyecto apícola en el CEFEDH.

— Se ha incrementado el Programa de Acciones Móviles mediante el funcionamiento de cinco nuevos talleres móviles en la zona noroccidental del país.

— Se ha ampliado la cobertura del Programa Aprendizaje Dual a la región del litoral Atlántico bajo la asistencia de la Misión Técnica Alemana.

— Se han incorporado nuevas áreas de atención en el campo de la capacitación de mano de obra, enderezado y pintura, electrónica y procesamiento de alimentos.

— Se utilizaron 5,329 horas/instructor para asesorar a 978 empresas en el campo técnico, administrativo y de gestión empresarial.

— Se destinaron 15,888 horas para capacitar a 102 instructores para mejorar su eficiencia técnico-docente.

— Se brindó asistencia técnica para la construcción y reparación de 60 viviendas rurales, creación de microempresas dedicadas a la construcción de tejas, adobes, fabricación de cal y silos rurales, a través del convenio INVA-INFOP.

— Se fomentó la producción agrícola tradicional y no tradicional para la exportación.

— En el área de construcción:

* Se construyó un centro de capacitación con capacidad para 80 participantes en la comunidad de Guancastales, Cortés.

* El servicio de agua fue detenido.

* Se mejoró el servicio de mantenimiento de máquinas de COAPALMA; EACI; Cervecería, CAICESA y LEYDE.

* La Fuerza Aérea mandaba sus técnicos supervisores a Panamá, este año se formaron 13 técnicos en INFOP.

ÁREA TÉCNICO DOCENTE

En esta área se les ha dado atención especial a las actividades orientadas a la diversificación de la oferta institucional y al fortalecimiento de las acciones de apoyo técnico.

* Se inició la primera experiencia en el campo de la certificación ocupacional.

ÁREA DE ADMINISTRACIÓN Y PERSONAL

Se ha logrado recuperar un total de L. 625,268 del total de la mora existente y se han inscrito 260 nuevos aportantes.

50 personas han sido beneficiadas con becas al exterior para realizar estudios o pasantías relacionadas con sus puestos de trabajo.

COOPERACIÓN TÉCNICA

*   Control y seguimiento de los convenios de cooperación técnica institucional y los convenios nacionales, suscritos a la fecha.
*   Negociación del convenio de Cooperación Técnica con el Gobierno de Israel.
*   Negociación del Convenio de Cooperación Técnico con el BID y PNUD, para el fortalecimiento de la acción en la empresa.

PLANIFICACIÓN

*   Se preparó un proyecto para la investigación de necesidades de capacitación a nivel nacional que se realizará en enero de 1987.
*   Se preparó un Estudio de factibilidad para la organización y funcionamiento de un centro de formación profesional en el Departamento de Olancho,
*   Se diseñó un nuevo sistema de planificación integrado con la participación de toda la estructura ocupacional del instituto.

CENTRO DE DESARROLLO INDUSTRIAL

El Centro de Desarrollo Industrial (CDI), de acuerdo con la política del Gobierno de la República, ofreció durante 1986 asistencia técnica y financiera a la pequeña y mediana industria y a la artesanía nacional.

ASISTENCIA FINANCIERA

Durante 1986 se beneficiaron 139 empresas con créditos por un monto de L. 1,045,500.00 en diferentes ramos de actividad:

Ramo de actividad	
Vestuario	L. 205.60
Cuero	195.40
Alimentos	135.70
Madera	127.30
Mineral no metálico	117.50
Metal mecánica	98.50
Fibras naturales	60.50
Otros	105.00

ASISTENCIA TÉCNICA Y CAPACITACIÓN

En este periodo se realizaron 122 estudios de factibilidad y se beneficiaron 206 empresas:

Madera	60
Alimentos	56
Metalmecánica	28
Cuero	25
Vestuario	22
Otros	15

PROGRAMA DE TECNOLOGÍA RURAL (PTR)

Con este programa se beneficiaron 231 familias rurales. Se asistieron con técnicas y tecnologías para conservación de suelos, sistemas de siembras, implementos agrícolas, vacunación de aves y estufas domésticas.

Los proyectos desarrollados comprendieron cultivo de camarón, tejeras y ladrilleras, dulce de panela, curtiembres, talabarterías, metalmecánica y proyecto de sal.

Se otorgaron préstamos al pequeño agricultor por un monto de L. 377,300.00; al pequeño empresario por L. 198,500.00 y al hogar rural por L. 1,900.00, por un total de L. 577,700.00.

PROGRAMA DE DESARROLLO ARTESANAL

Se organizó el primer curso centroamericano para directores de programas de desarrollo artesanal.

Se elaboraron estudios de factibilidad para cuatro centros de capacitación artesanal en Trujillo, Colón, Santa Rosa de Copán y San Lorenzo, Valle.

El C.D.I. elaboró estudios de factibilidad para la apertura del Pabellón de Artesanía en Roatán, Islas de la Bahía.

INSTITUTO DE CRÉDITO EDUCATIVO
(EDUCREDITO)

Dentro de la estrategia de desarrollo del Sector Educación y de conformidad a las prioridades establecidas en la estrategia nacional incorporada en el Plan Nacional de Desarrollo 1982-1986, EDUCREDITO orientó sus actividades en la realización de sus objetivos.

ACTIVIDAD CREDITICIA EJECUTADA DE ENERO A DICIEMBRE DE 1986

Durante este periodo se concedieron un total de 304 préstamos por un monto de Lps. 2,409.3 miles, financiamientos que fueron orientados a las áreas de Agricultura, Ciencias Administrativas y Contables, Salud, Ciencias Exactas y Naturales, Ingeniería, Educación, Sociales, Mandos Intermedios y Cursos Varios

Del total de préstamos otorgados un 18.4% en número y 34.3 en monto corresponde al nivel de postgrados, un 65.5% y 59.8% respectivamente al nivel de grado, un 14.8% y5.2% a Mandos Intermedios y un 1.3% en número y 0.7% en monto, corresponde al otorgamiento de préstamos en el nivel de Cursos Varios.

Cabe mencionar que, durante el año de 1986, los préstamos fueron otorgados en un 100% con fondos provenientes de la recuperación de préstamos envista de que en el año de 1985 finalizó el periodo de compromisos con fondos del préstamo BID 657-SF/HO, y no se recibieron transferencias de fondos del Gobierno Central.

DESEMBOLSOS DE ENERO A NOVIEMBRE DE 1986

En el mencionado periodo, EDUCREDITO desembolsó en concepto de cuotas sobre préstamos y convenios de Fondos en Administración un monto de Lps. 3,326.0 miles. De este total de desembolsos un 51.3% corresponde a desembolsos para la realización de estudios en el país y un 48.7% a desembolsos para estudios en el exterior. Dichas erogaciones se realizaron con fondos propios de la recuperación de préstamos, fondos del préstamo BID 657/SF-HO y de recursos provenientes de la suscripción de convenios con personas naturales y jurídicas. El total de la cartera de préstamos por desembolsar al 30 de noviembre es de Lps. 2,795.6 miles.

RECUPERACIÓN DE FONDOS DE ENERO A DICIEMBRE DE 1986

A pesar de la crítica situación de desempleo que en estos momentos vive el país, EDUCREDITO realizó todos los esfuerzos posibles para alcanzar la meta propuesta de Lps. 4,448.7 miles de los cuales se recuperó Lps. 3,793.5, lo que equivale al 85.3%.

CARTERA DE PRÉSTAMOS EN PERIODO DE RECUPERACIÓN

Al 31 de diciembre de 1986 la cartera de préstamos en periodo de recuperación asciende a un monto de Lps. 20,657.3, conformado por un número de 4,531 préstamos.

ESTADO DE SITUACIÓN FINANCIERA AL 30 DE NOVIEMBRE DE 1986 ESTADO DE RESULTADOS

Este nos muestra el rendimiento financiero institucional alcanzado a la fecha, el que resulta de la diferencia entre los recursos que se obtienen a través de intereses y comisiones por servicios de préstamos y otros ingresos, contra los gastos operativos y financieros que genera la administración del Programa Educativo.

A pesar de que la función de EDUCREDITO es la prestación de servicios sin fines de lucro, ofreciendo tasas de interés preferenciales, para cubrir únicamente los gastos operativos, a la fecha enunciada se obtuvo un rendimiento de Lps. 628.8 miles, los cuales pasaron a incrementar el patrimonio de la institución.

BALANCE GENERAL

El crecimiento financiero que EDUCREDITO ha obtenido en los últimos años, le ha permitido tener mayor capacidad en el otorgamiento de préstamos y así beneficiar a mayor número de hondureños. Durante el año de 1986 sus activos han crecido en un 5.72% en relación al año de 1985.

Con respecto a los pasivos, estos también han obtenido un incremento de 22.68%, afectando a estos principalmente los nuevos convenios firmados con instituciones públicas y privadas, las cuales ponen fondos en la institución para su administración.

El patrimonio o capital de la institución en 1986 es de L. 31,117,700.00; ha crecido en un 4.51%, el cual se debe principalmente al apalancamiento financiero generado por las operaciones efectuadas con recursos del préstamo BID 657/SF-HO.

PATRONATO NACIONAL DE LA INFANCIA

El Patronato Nacional de la Infancia (PANI) realizó durante 1986 esfuerzos sostenidos para ejecutar la política del Gobierno de la República.

ÁREA PRODUCTIVA

El área productiva del PANI deriva de la Lotería Nacional.

En la Lotería Mayor en 1986 se habían programado 679,000 series y se ejecutaron 720,000, con un incremento absoluto de 41,000 equivalente a un incremento del 6 por ciento. Los ingresos brutos ascendieron a L. 20,560,000.00, y el incremento fue de L. 1,160,000.00.

En la Lotería Menor se habían programado 212,160 series y se ejecutaron 213,860, con un incremento absoluto de 1,700 series, equivalente a un incremento del 0.8 por ciento. Los ingresos brutos ascendieron a L. 149,702,000.00, incrementándose los ingresos en L. 1,190,000.00.

ÁREA DE SERVICIO COMUNITARIO

A través del Programa Materno Infantil de Penetración Rural, el PANI logró muchas obras físicas en saneamiento básico:

LABOR DE LA UNIDAD DE PROYECCIÓN INSTITUCIONAL
Área de Trabajo Social

Esta área atiende las ayudas directas que otorga la institución y que favorecieron a más de cien niños. La ayuda consistió en la donación de aparatos ortopédicos, medicamentos, pasajes para atender requerimientos de salud urgentes en el extranjero, terapia y otros aspectos.

El PANI aportó un total de Lps. 104,712.56.

Área de Información y Publicidad

En conjunto con la sección de trabajo social y del departamento de Artes Gráficas se imprimieron miles de afiches patrios para la celebración de las fiestas patrias que se dieron a las escuelas primarias del país en el aniversario de nuestra independencia patria.

ÁREA DE SERVICIO COMUNITARIO
OBRAS FÍSICAS LOGRADAS EN SANEAMIENTO BÁSICO POR EL PROGRAMA MATERNO INFANTIL DE PENETRACIÓN RURAL

ABASTECIMIENTO DE AGUA PARA CONSUMO HUMANO

Total población beneficiada en pozos, acueductos, protección de fuentes: 8773

DISPOSICIÓN ADECUADA DE EXCRETAS

Total población beneficiada en disposición adecuada de excretas y letrinización: 10331

PRODUCCIÓN FARMACÉUTICA

La producción de fármacos expresada en valor monetario alcanzó un total de más de 2.2 millones de lempiras.

Los productos elaborados son Litrosol, Antiespasmódico para adulto, Sulfato Ferroso, Jarabe de Piperazina, Caolín, Pectina, Salicilato de Metilo, Citrato de Piperazina y unos 15 productos más, que vinieron a satisfacer las necesidades de abastecimiento del Instituto Hondureño de Seguridad Social.

SUBVENCIONES A INSTITUCIONES SIN FINES DE LUCRO Y GOBIERNO CENTRAL

El PANI subvencionó a 27 instituciones sin fines de lucro que atienden población materno infantil en un total de L. 438,335.00.

También la institución apoyó al Gobierno Central para realizar los programas de carácter social del mismo, aportando la cantidad de L. 19,000,000.00, los cuales fueron orientados hacia programas que desarrollan: El Ministerio de Salud, Ministerio de Trabajo, Junta Nacional de Bienestar Social y Ministerio de Educación Pública en guarderías y comedores infantiles, y sustancialmente destinados hacia la población materno infantil.

SUPLIDORA NACIONAL DE PRODUCTOS BÁSICOS

La Suplidora Nacional de Productos Básicos (BANASUPRO), en cumplimiento de su objetivo principal de contribuir al bienestar económico y social de la población en general y en forma especial de los sectores populares urbanos y rurales de nuestra patria, ejecutó durante el año fiscal comprendido del 1o. de enero al 31 de diciembre de 1986, las metas expuestas en el Plan Operativo elaborado para tal fin.

VENTAS

Las ventas durante 1986 fueron de 31,513.5 miles de lempiras lo que representa un 83.3% del total presupuestado para 1986. La disminución de las ventas es consecuencia de la no apertura de los centros de venta programados para el Proyecto PRODESBA, en vista de que este proyecto se encuentra desfasado en su ejecución para factores exógenos a la institución.

COMPRAS

Para cumplir con lo programado en ventas, la institución en 1986 tuvo un volumen de compras por el orden de 28104.8 miles de lempiras.

Se ha dado preferencia a los productos de fabricación nacional y los productos importados se obtienen de compañías distribuidoras y representantes autorizados, respetando su exclusividad de ventas.

GASTOS DE OPERACIÓN

Los gastos para 1986 sumaron 6,873.8 miles de lempiras. Con relación a los gastos de 1985 se observa un ahorro en las partidas de pago de bonificaciones a concesionarios de centros de venta; publicidad y propaganda, arrendamiento de equipo; productos de papel y cartón; tintes, pinturas y colorantes; pérdidas por robo e incendios, viáticos y otros.

Para no alterar el costo de la canasta familiar a los sectores de bajos recursos, el Gobierno, a través de BANASUPRO, ha buscado ampliar la cobertura de distribución de alimentos y artículos de uso masivo a la población.

Centro de venta de la Colonia Cerro Grande.

MANEJO DONACIÓN COMUNIDAD ECONÓMICA EUROPEA

La Comunidad Económica Europea (C.E.E.), donó al Gobierno de Honduras 800 toneladas métricas de leche en polvo no vitaminada. Esta donación es administrada a través del Ministerio de Hacienda y Crédito Público para el reforzamiento de proyectos específicos que la Comunidad Económica Europea desarrolla en Honduras. BANASUPRO actuó como ente comercializador de esta donación, servicio por el que recibe un porcentaje de estas donaciones.

.

PROYECCIÓN SOCIAL DE BANASUPRO

Durante el periodo se logró la reapertura de dos centros de ventas concesionados en la zona noroccidental y la apertura de un nuevo centro de venta en Tegucigalpa. A nivel de cooperativas y sindicatos de instituciones gubernamentales y privadas se están comercializando productos para favorecer a los empleados de bajos ingresos.

Durante los meses de marzo y abril y noviembre y diciembre, BANASUPRO importó de la República de El Salvador 8,000 cajas de huevos de gallina, conteniendo cada caja 360 unidades para un total de 2,880,000 unidades para solventar la escasez que se presentó en esos meses, logrando en gran medida evitar las especulaciones.

En los meses de marzo a septiembre se presentó una escasez severa de maíz a nivel nacional en la que BANASUPRO también actuó comercializando 105,818 quintales de maíz a precios razonables, llegando también con sus unidades móviles a las zonas afectadas por la sequía en el sur y oriente de la república.

Las ventas de BANASUPRO en el periodo sumaron más de 31 millones de lempiras.

DIRECCIÓN DE FOMENTO COOPERATIVO

Siguiendo los lineamientos del Gobierno de la República, la Dirección de Fomento Cooperativo (DIFOCOOP) desarrolló, durante 1986, una labor orientada a favorecer el sector social de la economía, a través del sistema cooperativo organizado en el país.

ACTIVIDADES REALIZADAS

Reunión con representantes de organismos internacionales: Sociedad de Desarrollo Internacional (DESJARDINES), Misión Técnica del Japón, Misión Española, Agencia Internacional para el Desarrollo (AID); para tratar asuntos relacionados con los proyectos por ellos asistidos.

Se elaboró el documento de Fortalecimiento al Programa DIFOCOOP DEROGAR y el estudio socioeconómico de las Cooperativas Garífunas del Proyecto.

Se celebró un convenio de asistencia entre DIFOCOOP-FECORAH, con el propósito de prestar asistencia al Centro de Operación del Sur.

Se elaboró el estudio socioeconómico de la Cooperativa Agropecuaria Regional "Colón" LTDA. (CARCOL).

Se participó en la elaboración del documento final "Solicitud de fondos para el refinanciamiento del sistema de formación y capacitación campesina de Honduras" (COFOCACH).

Se participó en la elaboración de los Manuales de Capacitación y Reglamentación interna de (COFOCACH).

Se elaboró el estudio de mercado de los productos: casabe con sabor, pan de coco y aceite de coco, los cuales entrarán en proceso productivo a inicios de 1987, en las cooperativas beneficiarias del Proyecto de Desarrollo Cooperativo Garífuna.

Se continuó prestando asistencia técnica financiera a 5 cooperativas regionales de ANACH y la propia organización, transfiriéndole para el desarrollo de sus actividades un monto de L. 302,400 en el transcurso de 1986.

Se transfirieron en 1986 L. 190,000.00 para fortalecer la unidad de administración de UNIOCOOP, para que este organismo de segundo grado brinde un mejor apoyo a sus cooperativas afiliadas.

Se obtuvo el financiamiento por la cantidad de L. 30,000.00 de parte del Gobierno de Canadá para el cambio de tecnología en la producción de cal, en la Cooperativa Industrial de Cal "Los Pinos" Ltda.

Se realizaron gestiones ante Catholic Relief Services para obtener financiamiento para la compra de equipos de la Cooperativa Industrial de Cal "El Carrizal" Ltda. El financiamiento otorgado fue de L. 21,000.00.

Se realizaron gestiones ante la Oficina de Proyectos de la Embajada de Canadá para solicitar financiamiento por L. 35,000.00 para la compra de equipo de trabajo y construcción de bodega de la Cooperativa Lavadores de Oro, El Portillo, Ltda., el financiamiento fue concedido.

Del 30 de noviembre al 13 de diciembre se realizó el Seminario Internacional Sobre Estrategia y Capacitación Empresarial para Cooperativas, el que se desarrolló en Santa Rosa de Copán, con la participación de los países centroamericanos y del Caribe, patrocinado por la Fundación Alemana Hans Seidel.

ACTIVIDADES DE EDUCACIÓN COOPERATIVA

El siguiente cuadro detalla el desglose de cursos impartidos:

— Educación Cooperativa, 78 cursos, 1,977 beneficiarios, 1,544 horas clase.

— Taller de Motivación, 51 cursos, 814 beneficiarios, 990 horas clase.

— Normas Parlamentarias, 13 cursos, 231 beneficiarios, 302 horas clase.

— Taller Controles Administrativos, 5 cursos, 149 beneficiarios, 117 horas clase.

— Controles Administrativos, 1 curso, 26 beneficiarios, 170 horas clase.

— Planificación 1 curso, 29 beneficiarios, 150 horas clase.

— Curso de Tesoreros, 2, 53 beneficiarios, 100 horas clase.

   Para un total de 151 cursos, 3,279 beneficiarios y 3,373 horas clase.

Se reconceptualizó el contenido del Curso de Educación Cooperativa para el Subsector Agropecuario.

Se diseñó la primera etapa de capacitación para Cooperativas de FECORAH, las cuales consisten en talleres de organización especial.

ACTIVIDADES DE AUDITORÍA E INSPECTORÍA

Se realizaron 30 auditorías a cooperativas de los diferentes sectores del movimiento cooperativo de 1986.

ACTIVIDADES DE EXTENSIÓN, ASISTENCIA TÉCNICA Y LEGAL A LAS COOPERATIVAS

En las áreas de organización y administraciones se les brindó asesoría a 32 cooperativas agropecuarias, 13 agroforestales, 46 sectores diversos (industriales, ahorro y crédito, etc.), 9 de transporte y a la Federación Nacional de Cooperativas de Transporte (FENACOTRAL).

PROYECTO DE PESCA

Se le brindó asesoría en mantenimiento y reparación de motores marinos a las cooperativas de pescadores del Litoral Atlántico como del Pacífico.

Se está levantando un censo sobre consumo de pescado en la plaza de la capital y a la vez se está colaborando con los grupos de La Mosquitia en la provisión de equipo y conservación de pescado, con el apoyo de la Misión Técnica del Japón.

ASISTENCIA LEGAL A LAS COOPERATIVAS

Como asistencia técnica se prepararon 186 autos de admisión de solicitudes de personalidad jurídica, reforma de estatutos y otros; 64 constancias de trámite de personalidad jurídica extendidas a las cooperativas; 96 revisiones de estatutos de cooperativas; 235 tramitaciones de solicitudes de dispensas; 180 consultas evacuadas a cooperativas y cooperativistas; 96 dictámenes sobre solicitudes de personalidad jurídica y 37 dictámenes varios.

CRÉDITO PRENDARIO POPULAR

El Crédito Prendario Popular atiende un promedio de 600 a 700 personas, solicitando crédito, renovando o desempeñando sus préstamos, etc., equivalente al 22.1% de la población económicamente activa del Distrito Central.

LOGROS OBTENIDOS

Se hicieron las gestiones para la readecuación y ampliación de la deuda con el Banco Central de Honduras, solicitando los correspondientes dictámenes, los cuales resultaron favorables.

Para mejorar la administración en lo que respecta a los controles internos y funcionamiento, se realizó un viaje de estudio a la Ciudad de México en busca de nuevas experiencias y luego adaptarlas al ambiente del Crédito Prendario Popular y de la sucursal que se desea crear en la ciudad de San Pedro Sula.

En las operaciones fundamentales y prioritarias se han atendido 110,709 personas en busca de créditos para atender necesidades inmediatas por un monto de L. 6,385.5 (miles) superior en un 20.2% y 18.8% a lo programado. Asimismo, se han recuperado 88,926 préstamos por un monto de L. 5,917.2 (miles) superior en un 4.9% y 16.3% a lo programado, lo cual demuestra que se siguen los lineamientos, objetivos y metas trazadas en beneficio de las clases de bajos recursos económicos.

Se efectuaron doce remates generalmente en la primera semana de cada mes, por lo que se recaudó la suma de L. 375.7 (miles).

Se obtuvo una utilidad neta de L. 366.4 (miles) superior en un 96.9 (miles). Que significa el 26.5% sobre lo programado.

Se recaudaron en concepto de ingresos por diversas fuentes L. 833.7 (miles) en incremento a lo presupuestado de L. 89.7 (miles) un 10.7%.

COMISIÓN NACIONAL
PRO-INSTALACIONES DEPORTIVAS
Y MEJORAMIENTO DEL DEPORTE

La Comisión Nacional Pro-instalaciones Deportivas y Mejoramiento del Deporte (CONAPID), realizó durante 1986 numerosas obras materiales.

En Tegucigalpa se mejoraron las condiciones del Parque de Pelota Lempira Reina, por un costo de L. 38,173.78.

La piscina olímpica y sus instalaciones fueron mejoradas y protegidas a un costo de L. 6,830.93.

En el Gimnasio Nacional "Rubén Callejas Valentine" se instaló un nuevo alumbrado y se reparó el existente. El valor de las reparaciones y del alumbrado ascendió a L. 23,016.28.

El parque de Beisbol Infantil "Birichiche" fue sensiblemente mejorado, haciéndolo apto al servicio. El costo de las obras fue de L. 14,580.24.

El Estadio Nacional exigió numerosas obras de reparación, incluso remodelación de áreas.

EN OTROS MUNICIPIOS

Se comenzó a construir la primera etapa del estado de Jacaleapa, El Paraíso, a un costo de L. 22,500.00.

En Teupasenti, El Paraíso, el estado fue remodelado a un costo de L. 20,488.00.

En El Progreso, Yoro, se diseñó la estructura de las graderías de madera con capacidad para cuatro mil personas; el costo del diseño es de L. 2,300.00.

OTRAS OBRAS Y AYUDAS

El material de cancha sintético para la instalación de la pista atlética en el Estadio Nacional, tiene un costo de L. 30,046.30.

Algunas colonias, barrios y comunidades han recibido ayuda en equipo para instalaciones e implementos deportivos para los jugadores.

El Instituto Nacional de la Vivienda (INVA) dará a CONAPID un terreno de 9,483.33 varas cuadradas en la Colonia Kennedy, donde se construirá un polideportivo.

El Gobierno ha brindado un importante apoyo al deporte: Mejora del Parque de Pelota Lempira Reina (L. 38,173.78); Piscina Olímpica (L. 6,830.93); Gimnasio Nacional (L. 23,016.28); Parque de Beisbol Infantil "Birichiche" (L. 14,580.24); comienzo Estadio Jacaleapa, El Paraíso (L. 22,500.00); Remodelación Estadio Teupasenti, El Paraíso (L. 20,488); Diseño graderías Estadio El Progreso, Yoro (L. 2,300.00) y Pista atlética sintética Estadio Nacional (L. 30,046.30).